www.ingramcontent.com/pod-product-compliance
Lightning Source LLC
Chambersburg PA
CBHW070100080526
44586CB00013B/1130
* 9 7 8 1 5 9 5 8 4 8 5 0 5 *

آیین‌ها و جشن‌های کهن
در ایران امروز

Ancient rituals and celebrations
Anthropological approach and research
Subject: History of Iranians
Author: Mohammad Ruhul Amini

Copyright © 2025 by: **ketab Corporation**

Cover: Alireza Espahbod
Photography: Saeid Behrozi

آیین‌ها و جشن‌های کهن
(نگرش و پژوهشی مردم شناختی)
موضوع: تاریخ ایران
نویسنده: محمود روح‌الامینی
طرح روی جلد: علیرضا اسپهبد
عکس از: سعید بهروزی
چاپ نخست شرکت کتاب: ۱۴۰۴ خورشیدی - ۲۰۲۵ میلادی

No part of this book may be reproduced in any manner without the express written consent of the author, except in the case of brief excerpts in critical reviews or articles.
For information about permission to reproduce selections from this book, write to Permissions @ ketab Corporation

The Library of Congress Cataloging-in-publishing Data is available upon request.

ISBN: 978-1-59584-850-5
Ketab Corporation:
12701 Van Nuys Blvd., Suite H,
Pacoima, CA, 91331, USA
www.ketab.com

1 2 3 4 5 6 7 8 25

فهرست

درآمد سخن	۹
بخش نخست	
نوروز	۳۵
مهرگان	۷۹
یلدا	۸۹
بخش دوم	
جشن تیرگان	۹۹
جشن سده	۱۲۱
بخش سوم	
به حق پیر چک‌چکو	۱۴۳
آیین‌های سالانه در «قره کلیسا»	۱۵۳
آیین قالی‌شویان در مشهد اردهال	۱۶۵

تقدیم به:
دخترکانم مانا، یسنا و شیوا
سامانده پریشان‌نویسی‌های بابا
و نامشان یادآور سه «آیین کهن»

درآمد سخن

برگزاری جشن[1] و عید[2] از ویژگی‌های فرهنگی همهٔ جامعه‌ها است، از کهن‌ترین زمان‌ها تا به امروز. همهٔ ملت‌ها، قوم‌ها، ایل‌ها ــ و در همهٔ سرزمین‌ها ــ روزهایی از سال را جشن می‌گیرند. پژوهش‌های مردم‌شناسی جامعه و گروهی را سراغ ندارد که مردم روز یا روزهایی را به شادی و شوخی و جنب‌وجوش شادمانه نپردازند.

از کهن‌ترین جشن‌ها و پتلاچ‌های جامعه‌ها و قوم‌های ابتدایی، تا جشن‌ها و جشنواره‌های امروزین، شادمانی، سور، گردهمایی، غذا دادن و نیز به فراموشی سپردن کارهای جدی و برنامه‌های شغلی روزانه از ویژگی‌ها و نقش‌های بنیادین است.

---

۱. واژهٔ جشن، که به فارسی امروز به معنی آیین‌های شادمانی است، از واژهٔ «یَسْنْ / یَسْنه» اوستایی و «یزشن» پهلوی به معنی ستایش و پرستش است، و همچون بسیاری از آیین‌های ایران باستان رنگ دینی به‌خود گرفته است.

۲. «عید به معنی هرچه باز آید. هر روزی که در آن انجمن یاتذکار برای فضیلت یا حادثهٔ بزرگی باشد، گویند از آن‌رو بدین نام خوانده شده که هر سال شادی نوینی بازآرد و اصل آن «عود» است» (***لغت‌نامهٔ دهخدا*** به نقل از اقرب‌الموارد، ***انندراج***).

در کنار روزها، هفته‌ها و نیز ماه‌هایی که مردم در تلاش معاش‌اند، و باید قانون‌ها و ضابطه‌های اجتماعی را به صورتی جدی رعایت کنند و به‌ناگزیر محدودیت‌ها و ممنوعیت‌های فراوان اخلاقی و اعتقادی و سنتی آنان را در بر گرفته است، روزهای جشن قرار دارد، تا مقداری از محدودیت‌ها را بشکنند، تکلیف‌ها را فراموش کنند، و گاه نیز نافرمانی‌ها و ناروایی‌هایی از آن‌ها سر زند که در موقعیتی دیگر ـ جز زمان جشن ـ انجام دادن آن ناپسند است.

بررسی و شناخت جشن‌ها و آیین‌ها، که در شمار **فرهنگ عامه**[1] است، یکی از زمینه‌های پژوهش مردم‌شناختی است. کتاب‌ها، نوشته‌های کهن و برگزاری جشن‌های قومی که همچون بیشتر میراث‌های فرهنگی ـ هرچند همراه با دگرگونی ـ بر جای مانده، زمینهٔ پژوهش و بحث و نظر را دربارهٔ این پدیدهٔ فرهنگی فراهم ساخته است. گردآوری، یادداشت و مردم‌نگاریِ جشن‌ها، در این سده، آگاهی‌های فراوانی به همراه داشته است.

برگزاری جشن‌ها و آیین‌ها به ویژگی‌های فرهنگی، اجتماعی، تاریخی، جغرافیایی و اعتقادی جامعه بستگی دارد. کمتر جشنی را می‌توان یافت که در دو جامعه، دو کشور و یا دو شهر، یکسان برگزار شود. با این همه، مردم‌شناسان نقش‌ها و ویژگی‌های همانند و همگونی را در بسیاری از جشن‌های قومی و سنتی جامعه‌های ابتدایی و کهن یادآور می‌شوند[2]، که از آن جمله است:

۱. جشن‌ها، بیشتر، با زیاده‌روی در فراهم کردن خوراک، در خوردن، در آشامیدن، در خندیدن، در دست زدن و پایکوبی کردن، و با شور

---

۱. اصطلاح فرهنگ عامه یا فرهنگ مردم ترجمهٔ واژهٔ انگلیسی فولکلور (Folklore) به معنی دانش عامیانه است.

۲. *فرهنگ واژگان کلیدی در مردم‌شناسی*، تألیف فرانسوا لا پلانتین (F. La Plantine) (انتشارات Privat، تولوز، ۱۹۷۴) ویژگی‌های همگون جشن را بیان داشته، و در این گفتار از آن بهره گرفته شده است.

و هیجان گروهی همراه است. زیاده‌روی در همهٔ زمینه‌ها؛ گاه پولی که چندین ماه ــ یا چندین سال ــ ذخیره شده، در چند روز خرج می‌شود.

در برخی از جشنواره‌ها و کارناوال‌ها کسی که می‌آید برای این است، که تا می‌تواند شوخی کند، فریاد بزند، جست و خیز کند، از خود بی‌خود شود و یکنواختی زندگی روزانه را بشکند.

۲. به بازی گرفتن و مسخره کردن قدرت و حکومت، با وارونه جلوه دادن رابطه‌های اجتماعی و سیاسی، و تظاهر کردن به سرکشی و نافرمانی در جشن‌های سُخریه‌آمیز رومی‌ها، رسم بود که خرده‌فروشان به مدت چند روز حکومت کنند و دستورها و فرمان‌های خنده‌آور بدهند. در اروپا، تا پایان سده‌های میانه جشن دیوانگان برگزار می‌شد، که نمایشی طنزآمیز از وضع حکومت بود. تا جایی که یک پاپ خنده‌دار انتخاب می‌کردند و در کارناوال‌ها کشیش‌هایی با لباس زنانه آرایش می‌کردند که کتاب مقدس را وارونه به دست گرفته‌اند، و این جشن‌ها در روزهای کریسمس تا ششم ژانویه و آمدن ماژ[1]ها، ادامه داشت. در یونان باستان، برای چند روز در سال، بردگان فرمانروایی می‌کردند. در جنوب افریقا، در یکی از جشن‌ها، به‌دروغ خبر مرگ امیر و سلطان را می‌دهند و امیر چند روزه به‌جای برقرار کردن نظم، بی‌نظمی را تشویق می‌کند. در چین، زنان و مردانی که در برخی از فعالیت‌هاکارشان دور از یکدیگر است، در روزهای جشن در کنار هم کار می‌کنند. در بین یهودیان برخی از کشورها، جشن پوریم[2] (= فصح) با مقداری سرپیچی از دستورها و فرمان‌های حضرت موسی همراه است. در ایران، نمونه‌هایی از انتخاب پادشاه و امیر مسخره و خنده‌آور، که

---

۱. ماژها (Mages)، موبدان، مغان یا منجیانی که از ایران رفتند و تولد عیسی را خبر دادند. روز کریسمس نزد کاتولیک‌ها و پروتستان‌ها ۲۵ دسامبر و نزد ارمنیان ششم ژانویه است.

۲. فِصح یا پِسَح پانزدهمین روز از ماه نیسان روز بیرون آمدن بنی‌اسرائیل از مصر. برای مسیحیان عید فصح (پاک = Paques) روز رستاخیز حضرت عیسی است.

دستورهای شگفت و شوخی‌آمیز می‌داد، در جشن‌های نوروزی و روزهای پنجه، تا آغاز این سده سراغ داریم[1]. آرایش حاجی‌فیروز که در روزهای نخستین سال در کوی و گذر می‌بینیم بایستی بازماندهٔ حاکم چندروزهٔ جشن باشد. رسم مردگیران[2]، در ایران کهن، از قانون‌شکنی‌های پنجه و جشن نوروز بوده است.

با پایان گرفتن جشن، در همهٔ این جامعه‌ها و موردها، سرپیچی از نظم و زیر پاگذاشتن ضابطه‌ها و قانون‌های اجتماعی و اخلاقی و سیاسی پایان می‌پذیرد، روال معمول دوباره برقرار و گاه اجرای نظم و قانون جدی‌تر آغاز می‌شود، و به گفتهٔ حافظ: «که بیش از پنج روزی نیست حکم میرنوروزی».

۳. کم و زیاد ودگرگون شدن عادت‌ها و حرمت‌های خوردنی و آشامیدنی؛ در روزهای جشن مصرف غذا بیشتر می‌شود، زیاده‌روی در خوردن و آشامیدن، جزیی از رسم‌های جشن است. در برخی از جامعه‌های توتمی که حیوان توتم[3] برایشان مقدس و تابو است، در روزهای جشن گوشت آن را می‌خورند. و یا برعکس، از خوردن برخی غذاها، که سفارش شده، خودداری می‌کنند. رابطهٔ جنسی نیز در برخی از قبیله‌ها دگرگون شده و تابوها شکسته می‌شود. در روزهای جشن، گاهی برعکس، جوش و خروش، خندیدن، رقصیدن، میخوارگی و رابطهٔ جنسی (با همسر) قدغن است، برای نمونه می‌توان از روزهای پرهیز در بین کاتولیک‌ها نام برد که از چهارشنبهٔ پیش از عید رستاخیز مسیح تا جمعه طول می‌کشد.

---

۱. به مبحث میرنوروزی در بخش نخست همین کتاب نگاه کنید.
۲. از جشن‌های باستانی، در پنج روز پایان سال. در این جشن زنان بر مردان تسلط داشتند و هر دستوری که می‌دادند، مردان بایستی به آن عمل کنند.
۳.Totem، در زبان سرخ‌پوستان آمریکای شمالی به‌معنی حیوان یا گیاهی است که مورد احترام و تقدس قبیله و وسیلهٔ تمایز قبیله‌ها (کلان‌ها) از یکدیگر است.

۴. قربانی کردن؛ بسیاری از جشن‌ها با قربانی کردن و خوردن گوشت آن همراه است. در برخی از قبیله‌های ابتدایی که به آدم‌خوار[۱] معروف‌اند، یکی از کسان قبیله، یا یکی از دشمنان قبیله را که اسیر است، قربانی می‌کنند و همه به صورت گروهی از آن می‌خورند. قربانی کردن حیوان (گوسفند، گاو، شتر) و نیز انسان در جشن‌ها، با شادمانی و سرور همراه است. و برای نمونه می‌توان از «عید قربان» نام برد. قربانی کردن شتر در کاشان معروف است؛ که شتر را آرایش نموده، و با شادمانی در شهر می‌گردانند و پس از آن قربانی می‌کنند. در بین دین‌ها، تنها دین زردشتی است که قربانی کردن را قدغن کرده است.

جشن و سوگواری

در زبان فارسی، واژهٔ جشن «برای برگزاری آیین‌های شاد به کار می‌رود. ولی در برخی از زبان‌ها چون انگلیسی، فرانسوی و عربی برای شادی همان واژه‌ای به‌کار می‌رود که برای سوگواری (یا سوکواری)، و تفاوت را واژهٔ دیگری بیان می‌کند؛ برای نمونه در زبان فرانسوی: Fête de mariage جشن عروسی است و Fête de morts جشن مردگان است (که در زبان فارسی باید گفت سوک مردگان).

اصطلاح «عید مردگان» در ایران نیز به‌کار می‌رود؛ در روز پایانی سال یا در آخرین پنجشنبهٔ سال، غذا و میوه تهیه می‌کنند و به صورت گروهی به قبرستان می‌روند. در برخی از شهرهای مازندران، در تیر ماه («عیدِ ما» به گاهشماری مازندران) عید مردگان به

---

۱. در کتاب‌های تاریخی و جغرافیایی، برخی از گروه‌های آفریقایی به **آدم‌خوار** معروف‌اند، اِوانس - پریچارد (Evans - Pritchard)، از مردم‌شناسان معروف انگلیسی، بر این عقیده است که این آدم‌خوارگی، برای غذا نبوده، بلکه یک رسم دینی و یا نشانهٔ پیروزی بوده که جنبهٔ نمادین داشته است.

تفصیل برگزار می‌شود[۱].

جشن‌ها و سوگواری‌ها ـ گذشته از شادی یا اندوهی که به‌همراه دارند ـ در برخی از ویژگی‌ها همسانند، چون مهمانی دادن، خوردن، آشامیدن، گردآمدن هرچه بیشتر خویشاوندان و آشنایان، قربانی کردن، سرودیاشعری‌راگروهی خواندن،باصدای‌بلندشادی یا اندوه را نشان دادن.

جشن‌ها و آیین‌های کهن ایران، تا آن‌جا که آگاهی داریم، همه با شادمانی و سرور همراه است؛ تا جایی که در آیین و کیش زردشتی گریستن بر مردگان «ناشایست» است، و کسی که بر مردگان گریه کند، در روز بازپسین پادافراه سخت دارد[۲].

یگانه مورد سوگواری کهنی که سراغ داریم «سوک سیاوش» است که تا سدهٔ چهارم هجری در بخارا برگزار می‌شده است:

> مردمان بخارا را در کشتن سیاوش نوحه‌ها است. چنان‌که در همهٔ ولایت‌ها معروف است و مطربان آن را سرود ساخته‌اند و می‌گویند. و قوالان آن راگریستن مغان خوانند. و این سخن زیادت از سه هزار سال است[۳].

رده‌بندی جشن‌ها

جشن‌ها و آیین‌ها را در ایران ـ مانند هر جامعه و کشور دیگری ـ می‌توان به چند دسته رده‌بندی کرد:

---

۱. از جمله در فرامرزکلا از بخش شیرگاه، در تیر ماه سال ۱۳۷۵، (گزارشی از ن ـ کاظمی فرامرزی).

۲. به کتاب ***ارداویراف‌نامه*** (یا بهشت و دوزخ در آیین مزدیسنا)، تصحیح دکتر رحیم عفیفی، دانشگاه مشهد مهر ماه ۱۳۴۲ فرگرد ۱۶ و فرگرد ۵۷ نگاه کنید.

۳. ***تاریخ بخارا***، تألیف ابوبکر محمدبن جعفر نرشخی، به تصحیح و تحشیه استاد مدرس رضوی، انتشارات بنیاد فرهنگ ایران، ۱۳۵۱، ص ۳۳.

۱. جشن‌ها و آیین‌های باستانی و اسطوره‌ای و فصلی؛
۲. « « دینی و مذهبی؛
۳. « « ملی، میهنی، حکومتی؛
۴. « « خانوادگی؛
۵. جشن‌ها و آیین‌های منطقه‌ای، که در همهٔ شهرها برگزار نمی‌شود و ویژهٔ یک شهر، یا یک روستا است، و از نظر موضوعی در رده‌بندی ۱ و ۲ و ۳ جای دارد.

۱. **جشن‌های باستانی و اسطوره‌ای**: از دوران‌های کهن، بسیاری از جشن‌ها همراه با اسطوره‌ها و افسانه‌هایی دربارهٔ پیدایش آن‌ها، برجای مانده است، چون نوروز، تیرگان، مهرگان، یلدا و سده. این جشن‌ها ـ که موضوع سخن این مجموعه است ـ بی‌گمان در آغاز برای یادآوری فصل‌ها و تنظیم برنامه‌های کشاورزی بوده است، و با گذشت زمان مناسبت‌ها و داستان‌های دیگر به آن افزوده شده است.

۲. **جشن‌ها و آیین‌های دینی**: در همهٔ دین‌ها و مذهب‌ها، روزهایی را در بزرگداشت و یادآوری رویدادها، تولد و مرگ پیشوایان، به برگزاری جشن و شادی یا سوگواری می‌پردازند. در چهار دین رسمی ایران، برخی از جشن‌ها و آیین‌ها عبارت است از:

۲ ـ ۱ ـ در دین زردشتی: تولد و مرگ اشو زردشت، گاهنبارها[1]؛

۲ ـ ۲ ـ در دین یهود: عید فصح (یادبود مهاجرت قوم یهود از مصر و عید فطیر به مدت یک هفته) عید چادرها و سکونت آنان؛

۲ ـ ۳ ـ در دین مسیحی: تولد حضرت عیسی، به چلیپا کشیدن مسیح، رستاخیز آن حضرت[2]؛

---

۱. گاهان بارها، جشن مهمانی و دهش سالانه. این جشن‌های شش‌گانه در ماه‌های اردیبهشت، تیر، شهریور، مهر، دی و پایان اسفند است.
۲. از نظر *قرآن* و مسلمانان حضرت عیسی (ع) زنده به آسمان رفت.

۲ ـ ۴ ـ در دین اسلام و مذهب شیعه: تولد حضرت پیامبر(ص)، عید فطر، عید قربان، رحلت حضرت پیامبر (ص)، عید غدیر، تولد و شهادت حضرت علی (ع) و ...[۱]

از آن‌جا که جشن‌ها و آیین‌های اسلامی بر پایهٔ گاهشماری قمری است، یازده روزِ تفاوت گردش سال، با گاهشماری خورشیدی، باعث می‌شود که آیین‌های دینی و جشن‌های ملی یا باستانی گاهی با یکدیگر همزمان گردد[۲].

۳. جشن‌ها و آیین‌های ملی میهنی، حکومتی: هر کشوری به مناسبت دگرگونی‌ها، تحول‌ها و رویدادهایِ بزرگ سیاسی و اجتماعی خود، روز یا روزهایی را جشن می‌گیرد. در ایران پیش از اسلام، نه تنها سالروز تاجگذاری شاهان جشن سیاسی و اجتماعی بود، بلکه، آغاز تاریخ گاهشماری نیز بود که با مردن شاه و تاجگذاری جانشین او دوباره از یک آغاز می‌شد[۳]؛ در ایران امروز، عبارت است از: جشن ۲۲ بهمن سالروز انقلاب، و ۱۲ فروردین روز جمهوری اسلامی[۴].

۴. جشن‌ها و آیین‌های خانوادگی: در کنار جشن‌ها و آیین‌های اسطوره‌ای، دینی و ملی، که مردم یک کشور یا پیروان یک دین برگزار می‌کنند، هر خانواده نیز، به مناسبت‌های تولد، ازدواج، مرگ و... یکی از کسان و خویشاوندان آیین‌هایی را برگزار می‌کند. این آیین‌های خانوادگی نیز با گردهمایی خویشان و آشنایان، مهمانی دادن (با هزینهٔ سنگین)، زیاده‌روی در خوردن و آشامیدن، با صدای بلند ابراز احساسات کردن

---

۱. در گاهشماری رسمی ایران (۱۳۷۵) پانزده روز تعطیل دینی است که ۹ روز آن شادی و ۶ روز آن سوگواری است.

۲. نمونه‌ها بسیار است؛ از جمله جشن شادی سالروز انقلاب (۲۲ بهمن) در سال ۱۳۷۴ با روز سوگواری شهادت حضرت علی (ع) همزمان گردید.

۳. مبدأ تاریخ در هر دوره‌ای آغاز پادشاهی آن پادشاه بود.

۴. (پیش از انقلاب، ۱۴ مرداد، روز اعلام مشروطیت، را جشن می‌گرفتند).

(در شادی و سوگواری) و... همراه است.

این آیین‌ها را ـ که خودگفتاری دیگر می‌طلبد[۱] ـ و در همهٔ جامعه‌ها و در بین همهٔ ملت‌ها برگزار می‌شود؛ وان ژنپ[۲]، با عنوان «آیین‌های گذر» یاد می‌کند.

برخی از جشن‌های کهن، با گذشت زمان، و وارد شدن و همگانی شدن در بین همهٔ گروه‌های اجتماعی و در همهٔ شهرها، طوری در فرهنگ مردم جای گرفته است که امروز به‌دشواری می‌توان آن‌ها را در زمرهٔ یکی از رده‌بندی‌های یاد شده به‌شمار آورد. برای نمونه، نوروز، جشن باستانی و اسطوره‌ای و فصلی این سرزمین، با برگزاری آیین‌های دینی نیز همراه است. بر سر سفرهٔ «هفت‌سین»، که رسمی بسیار کهن است، زردشتیان *اوستا* گذاشته و «اَشم وهو» می‌خوانند و مسلمانان *قرآن* نهاده و «یا محول‌الحول و الاحوال» زمزمه می‌کنند. و با برگزاری آیین‌ها و دستورهای دینی و سنتی و اسطوره‌ای به پیشواز فصل بهار و «اعتدال بهاری» می‌روند. نوروز همچنین برای جشن‌های خانوادگی، چون خواستگاری، ازدواج و نیز سوگواری، یک مرز و یک مرحله است، «نوروز اول» برای هریک از این آیین‌ها، جای ویژه‌ای دارد. برای دولت‌ها و حکومت‌ها نیز نوروز جشنی رسمی است. بدین‌ترتیب، می‌بینیم که جشنی چون نوروز؛ باستانی، دینی، فصلی، ملی و خانوادگی است و در هریک از رده‌بندی‌ها نیز می‌تواند جای گیرد.

۵. جشن‌ها و آیین‌های محلی و منطقه‌ای: در بسیاری از شهرها و

---

۱. دربارهٔ آیین‌های تولد، ازدواج و مرگ، که در شهرهای مختلف، متفاوت است، پژوهش و مقاله کم نیست. برای نمونه به کتاب ***از خشت تا خشت***، تألیف محمود کتیرایی، از انتشارات موسسهٔ مطالعات و تحقیقات اجتماعی، سال ۱۳۴۷، مراجعه شود.

۲. A. Van Gennep پژوهش و نظریهٔ معروفی دربارهٔ جشن‌ها و آیین‌های تولد، ازدواج و مرگ در بین جامعه‌های ابتدایی و متمدن دارد.

آبـادی‌ها، بـه مـناسبت‌ها و انگـیزه‌هایی چـون درو، بـرداشت خـرمن، انگورچینی، آغاز زمان ماهیگیری، تقسیم آب و... یا رویدادهای دینی (از جـمله آیئن‌هایی کـه در بـخش سـوم آمـده است)، و دیگـر انگـیزه‌ها و مناسبت‌ها، آیین‌ها و جشن‌هایی برگزار می‌شود که ویژهٔ منطقه و مـحلی معین است، و در شهرها و آبادی‌های دیگر دیده نمی‌شود[1].

با اشاعهٔ تکنولوژی جدید، و رواج بسیاری از فراورده‌هـای صـنعتی یکسان و یکنواخت در شهرها و کشورها و قاره‌ها، نگهداری و برگزاری جشن‌ها و آیین‌های محلی بیشتر مورد توجه قرار گرفته است[2].

پیوند جشن‌ها و آیین‌های کهن با اسطوره‌های دینی

زمـان آغـاز، و انگـیزهٔ بـرگزاری و مـاندگاریِ بسـیاری از جشـن‌ها و آیین‌های کهن روشن نیست. آن‌چه به عنوان تاریخچهٔ آغازین جشن‌ها، در کتاب‌ها آمده است، یا نویسندگان و مورخان دربارهٔ آن نـوشته‌انـد ـ‌یـا مـی‌نویسند ـ صـدها و شـاید هـزارهـا سـال از بـرگزاری آن گـذشته، و روایت‌ها و داستان‌ها دربارهٔ پیدایش آن‌ها گونه‌گون است.

با گذشت سده‌ها و هزاره‌ها و نیز دگرگونی‌ها و تحولی که در شیوهٔ برگزاری بـه‌وجود آمـده است ـ‌و مـی‌آید ـ، هـاله‌ای از بـاور و حـرمت عامیانه ـ‌رسمی و غیررسمی ـ‌جشن‌ها را دربر گرفته و به آن‌هـا رنگ و سـیمای اسـطوره‌ای، کـه از نـیاکـان بـه ارث رسـیده، بـخشیده است؛ و

---

۱. در پژوهش‌های مردم‌شناسی، این‌گونه آیین‌های محلی گردآوری می‌گردد.

۲. در بسیاری از کشورهای اروپایی، کـه یکـنواخـتی ابـزارهـای صـنعتی فـراگـیر شـده است، می‌کوشند تا آن‌جا که مقدور است آوازها، بازی‌ها، لباس، مـوسیقی، گـویش، جشـن‌ها و آیـین‌های مـحلی را ـ‌کـه مـعرف هـویت فـرهنگ غـیرمادی مـنطقه است ـ‌ زنـده نگـه دارنـد. پـدیده‌ای کـه در سدهٔ پـیش کـمتر مـورد تـوجه قـرار می‌گرفت.

«اسطوره‌های پیدایش در همهٔ جامعه‌ها، زمینهٔ اعتقادی و دینی دارد»[۱].

درگروه‌ها و جامعه‌های ابتدایی، جشن‌ها خود نوعی آداب و مناسک دینی است، و برای خوشنودی نیروهای ماوراءالطبیعه و در پیرامون توتم قبیله برگزار می‌شود.

گروه و ملتی که جشنی را برگزار می‌کند، جشنی که از نیاکان به ارث رسیده، و از دوران کودکی برگزاری آن را شاهد بوده، خواه و ناخواه، دلبستگی و باوری از سر راستی و بی‌آلایشی به آن پیدا می‌کند؛ باوری که با آن بیگانه نیست. برای نمونه، چنان‌که گذشت، در برگزاری جشن و آیین‌های نوروز، که هزاران سال پیشینه دارد، افزون بر زردشتیان و مسلمانان، که هریک باور خود را دارند، مسیحیان ارمنی و نیز «یهودیان فارسی زبان، در سمرقند و بخارا، و برخی دیگر از شهرهای آسیای مرکزی»[۲] نوروز و اعتدال بهاری را جشن می‌گیرند.

گاهشماری و جشن‌ها

در هر جامعه‌ای، برگزاری جشن‌ها و آیین‌ها، بر پایهٔ محاسبه‌های گاهشماری آن جامعه، یعنی آگاهی از گردش ستارگان و سیاره‌ها از پیدایش شب و روز، از کوتاهی و بلندی، سرما و گرمای منظم فصل‌ها استوار است.

جامعه‌های ابتدایی و اولیه بر این باور بودند که ماه و خورشید و همهٔ ستارگان، ایزدانی کارآ و فرمانروا بر رفتارها و رویدادها، و مؤثر در سرنوشت نیک و بد جهان و جهانیان‌اند.

گاهشماری و محاسبهٔ گردش سیاره‌ها و تنظیم و بخش‌بندی‌های

---

۱. ***مبانی جامعه‌شناسی مذهبی***، تألیف رژه باستید. انتشارات آرماند کلن، پاریس ۱۹۴۷، مبحث اسطوره (ص ۵۰).

۲. نقل از گفتهٔ دکتر محمد عاصمی، استاد دانشگاه و عضو آکادمی علوم تاجیکستان.

زمانی برای دانستن روز و ساعت برگزاری آیین‌ها، نیایش‌ها، جشن‌ها و نیز دانستن زمان شکار و دامپروری و کشاورزی بود.

مردم‌شناسان بر این باورند که پیدایش گاهشماری و به یاد سپردن فصل‌ها، بایستی با آغاز دوران کشاورزی همراه باشد، زیرا جامعهٔ کشاورز، به ناگزیر، برای ماندن در یک سرزمین، نیازمند شناختن و دانستن زمان مناسبِ کاشتن و پاس داشتن و برداشتن بود. و از این‌رو است که بسیاری از جشن‌ها و آیین‌های کهن با زمان کاشتن یا برداشتن فراورده‌های کشاورزی پیوند دارد.

کهن‌ترین گاهشماری‌ها قمری است، چه زمان دگرگونی‌های هلال اول ماه، ماه تمام و هلال پایان ماه برای مردم بیشتر محسوس بود. برای هریک از این مرحله‌ها، به‌ویژه ماه نو[۱] و ماه تمام[۲]، آیین‌هایی برگزار می‌کردند که هنوز برخی از آن‌ها برجاست. مدار گاهشماری قمری و سال قمری بر یک‌بار گردش ماه به دور زمین است که شامل ۱۲ بار رسیدن ماه به هلال پایانی و $\frac{۱۱}{۲۰}$ ۳۵۴ روز است.

گاهشماری قمری به‌تدریج با گاهشماری خورشیدی، که فصل‌بندی ثابت بهار و تابستان و پاییز و زمستان را دارد، هماهنگ شد، و برگزاری برخی از جشن‌ها و آیین‌های دینی یهود و نصرانی، با محاسبهٔ گاهشماری قمری و خورشیدی است[۳].

---

۱. این باور در بین عامه هست که پس از دیدن ماه نو، باید به آب، آینه، زر و... نگاه کرد (محرم به زر، صفر به آینه،...)، در هنگام سفر نباید به ماه نو نگاه کرد. شاید شعر حافظ «چو ماه نو ره بیچارگان نظاره / زند به گوشهٔ ابرو و در نقاب رود» اشاره به این باور باشد.

۲. در جنوب فرانسه این باور هست که درخت را باید روزهایی برید که ماه تمام است، وگرنه چوب آن از داخل می‌پوسد.

۳. زمان برگزاری عید پاک (Pâques)، رستاخیز حضرت عیسی، نخستین یکشنبه پس از ماه تمام است که در برج حمل (پس از اعتدال بهاری) واقع شود که می‌تواند بین دوم ←

امروز، معیار اندازه‌گیری زمان، در فعالیت‌های اجتماعی، اقتصادی و سیاسی، تقریباً در همهٔ کشورهای جهان براساس گاهشماری خورشیدی و عبارت از یک‌بار گردش زمین به دور خورشید است که مدت آن ۳۶۵/۲۴۲۲ روز یعنی ۳۶۵ روز و ۵ ساعت و ۴۸ دقیقه و ۴۶ ثانیه می‌باشد.

تقسیم‌بندی روزهای سال به هفته، ماه و فصل و تعیین آغاز سال، در همهٔ جامعه‌ها و در همهٔ زمان‌ها به یک روال نمی‌باشد. و در این‌باره پژوهش و کتاب بسیار است. در این گفتار فقط به زمینه‌هایی که روشنگر برگزاری جشن‌ها و آیین‌های کهن ایران است بسنده می‌شود[1].

نام روزها

بنابر گاهشماری ایران پیش از اسلام همهٔ ماه‌ها سی روز است ـ به‌جای روزهای هفته ـ هریک از سی روز ماه نامی معین دارد. و روزهای ماه ـ مانند روزهای هفته در گاهشماری کهن اروپایی[2] ـ نام

← تا سی‌ام فروردین در نوسان باشد. و هم‌چنین عید فصح پسح، (کوچ یهودیان از مصر) با محاسبهٔ گاهشماری خورشیدی و قمری است.

۱. در این‌باره، به کتاب‌های ***آثارالباقیه***، تألیف ابوریحان بیرونی، ترجمهٔ اکبر دانا سرشت، انتشارات امیرکبیر، ۱۳۶۳، فصل‌های اول تا پنجم؛ ***گاهشماری در ایران قدیم*** (جلد دهم از مقالات تقی‌زاده)، چاپ دوم، زیر نظر ایرج افشار، انتشارات شکوفان، ۱۳۵۷؛ ***تقویم و تاریخ در ایران*** (شمارهٔ ۱۵ ***ایران کوده***). از ذبیح بهروز، ۱۳۳۱ خورشیدی و ***گاهنامهٔ تطبیقی سه هزار ساله*** تألیف احمد بیرشک، شرکت انتشارات علمی و فرهنگی، ۱۳۶۷، فصل سوم، مراجعه شود.

۲. ریشهٔ واژگانی روزهای هفته در زبان‌های اروپایی از نام ستارگان و ایزدان است: یکشنبه(ازنام‌خورشید Sunday)دوشنبه(ماه Monday در انگلیسی و Lundi در فرانسه) سه‌شنبه(بهرام یا مریخ Mardi، Mars) چهارشنبه (تیر یا عطارد Mercredi، Mercur) پنج‌شنبه(برحیس‌یامشتری Jeudi، Jupiter) جمعه (ناهید یا زهره Vendredi، Venus)

←

ستارگان و ایزدان را دارند، که به ترتیب عبارت است از:

روز نخست هر ماه = اورمزد، ۲ = بهمن، ۳ = اردیبهشت، ۴ = شهریور، ۵ = سپندارمذ، ۶ = خورداد، ۷ = اَمرداد، ۸ = دی به آذر، ۹ = آذر، ۱۰ = آبان، ۱۱ = خور، ۱۲ = ماه، ۱۳ = تیر، ۱۴ = گوش (گئوش)، ۱۵ = دی به مهر، ۱۶ = مهر، ۱۷ = سروش، ۱۸ = رشن، ۱۹ = فروردین، ۲۰ = ورهرام، ۲۱ = رام، ۲۲ = باد، ۲۳ = دی به دین، ۲۴ = دین، ۲۵ = اِرد، ۲۶ = اشتاد، ۲۷ = آسمان، ۲۸ = زامیاد، ۲۹ = مانتره‌سپند، ۳۰ = انارام.

و نام ۱۲ ماه نیز در میان سی نام روزها است، و در هر ماه که نام روز با نام ماه یکی بود، آن روز را جشن می‌گرفتند. بدین‌ترتیب جشن‌های دوازده‌گانهٔ سال عبارت بودند از: فروردینگان (۱۹ فروردین ماه)، اردیبهشتگان (۳ اردیبهشت ماه)، خوردادگان (۶ خرداد ماه)، تیرگان (۱۳ تیر ماه)، امردادگان (۷ اَمرداد ماه)، شهریورگان (۴ شهریور ماه)، مهرگان (۱۶ مهرماه)، آبانگان (۱۰ آبان ماه) آذرگان (۹ آذر ماه)، دیگان (۸ و ۱۵ و ۲۳ دی‌ماه[1])، بهمنگان، بهمنجنه (۲ بهمن‌ماه)، سپندارمذگان (۵ اسفند ماه).

نام روزهای ماه و جشن‌های دوازده‌گانهٔ سال، که مناسبت‌های فصلی و بهره‌وری کشاورزی هم داشتند، تا چندین سده بعد از اسلام نیز رواج عام داشت.

در ***شاهنامهٔ*** فردوسی، همه‌جا از نام روزهای ماه یاد شده[2]، و در زمان

← شنبه (کیوان یا زحل Saturne ،Samedi)؛ و مسعود سعد سلمان برای نسبت هریک از روزهای هفته به ستارگان، یک دوبیتی سروده است (***اشعارگزیده*** مسعود سعد سلمان به اهتمام رشید یاسمی، نشر وزارت فرهنگ، ۱۳۱۹، صفحه‌های ۱۶۹ و ۱۷۰).

۱. دی نام خداوند است (در زبان‌های هند و اروپایی Dieu و دئوشو) و در ماه دی سه روز به‌نام **دی** است و روز اول ***اورمزد*** نیز نام خدا است. در ایران پیش از اسلام در ماه دی چهار روز جشن می‌گرفتند (اول، هشتم، پانزدهم و بیست‌وسوم).

۲. در ***شاهنامه***، که نیاز به مشخص کردن روز بوده، از نام روزهای ماه آورده شده نه ←

مسعود سعد سلمان[۱] (قرن پنجم) و زمان ابوحامد افضل کرمانی[۲] (آغاز قرن هفتم) نیز به‌کار می‌رفته است... گاهشماری دینی زردشتیان، که در هر ماه، چهار روزش نابُر[۳] است و نباید گوسفند کشت و نه گوشت خورد، بر پایهٔ محاسبهٔ نام‌های سی روز ماه است و هنوز زردشتیان ــ به‌ویژه در یزد ــ به آن عمل می‌کنند[۴]:

این جشن‌های ماهانه‌کهن، که به گواهی کتاب‌های تاریخ تا زمان

← از روزهای هفته:

سرآمد کنون قصهٔ یزدگرد — به ماه سپندارمذ، روز ارد

(بیست‌وپنجم ماه اسفند)

کجا ماه آذر بُدی روز دی — گه آتش و مرغ بریان و می

(روز هشتم ماه آذر)

به شهریور بهمن از بامداد — جهاندار، داراب را بارداد

(روز چهارم ماه بهمن)

۱. مسعود سعد سلمان، برای نام‌های هریک از سی روز ماه (گاهنامهٔ کهن) و هریک از روزهای‌هفته (گاهنامهٔ بعد از اسلام) یک دوبیتی سروده و آن روز را وصف کرده است، و پیداست که هر دو گاهشماری در زمان او رایج بوده است (***گزیدهٔ اشعار*** مسعود سعد سلمان،به اهتمام رشید یاسمی، نشر وزارت فرهنگ، ۱۳۱۹، صفحه‌های ۱۶۲ تا ۱۷۰).

۲. «... و به مبارک روز سه‌شنبه دهم ماه صفر سنه عشر و ست‌مایه (۶۱۰)، موافق با روزباد، ماه تیر سنه ثلاث و ست‌ما (۶۰۳ خراجی) در شهر بردسیر دارالملک آمد». (***المضاف الی بدایع‌الازمان فی وقایع کرمان***)، تألیف ابوحامد افضل کرمانی، به اهتمام عباس اقبال، بی‌نا، تهران، ۱۳۳۱، صفحهٔ ۴۸ و نیز صفحه‌های ۴۴ و ۵۲.

۳. روزهای نابُر و پرهیز عبارت است از بهمن (دوم)، ماه (دوازدهم)، گوش (چهاردهم) و رام (بیست‌ویکم).

۴. در بهار ۱۳۷۴ با دانشجویان درس روش تحقیق مردم‌شناسی به روستای حسن‌آباد میبد، که یک‌سوم مردمش زردشتی‌اند، رفته بودیم. ماه محرم بود و شب‌ها در حسینیهٔ ده «شام نذری» می‌دادند. یکی از صاحبان نذر می‌گفت: «چون به زردشتیان هم غذای نذری می‌دهیم، مواظبیم که در روز «نابُر» آن‌ها، گوسفند نذری را ذبح نکنیم. برای ما فرق نمی‌کند، ولی برای آن‌ها روز پرهیز است!»

صفویه برخی از آن‌ها برگزار می‌شده، امروز به‌عنوان جشن و آیین همگانی به دست فراموشی سپرده شده است[1]. و از آن میان تنها جشن تیرگان، با نام **تیرما سیزه‌شو** در مازندران و نیز در برخی از خانواده‌های زردشتی کرمان برگزار می‌شود، که شرح آن می‌آید.

و نیز بایستی از جشن مهرگان یاد کرد که هرچند مانند دوره‌های سامانی و غزنوی ــ که از آن آگاهی داریم ــ برگزار نمی‌شود، ولی نویسندگان، شاعران و «اهل ادب» آن را فراموش نکرده‌اند و همه‌ساله در مهرماه به صورت مقاله، خبر و سروده در روزنامه‌ها و نشریه‌ها از آن یاد می‌کنند.

فصل‌ها و آغاز سال

در همهٔ جامعه‌ها و فرهنگ‌ها آغاز سال و گاه نیز آغاز فصل را جشن می‌گیرند. بنابر گاهشماری‌های مختلف کشورها و جامعه‌ها، آغاز سال و جشن‌ها و آیین‌های سال نو در یک زمان نیست.

در ایران، از کهن‌ترین زمان تا به امروز، تعداد فصل‌ها و آغاز سال دگرگونی‌های فراوانی را به همراه داشته و زنده‌یاد تقی‌زاده به تفصیل، با آوردن منبع‌ها شرح داده است[2]، که در این گفتار به اشاره‌ای کوتاه ــ از آن پژوهش بلند ــ بسنده می‌گردد.

الف) فصل‌ها: از کهن‌ترین دوران سال ایرانی به دو فصل یا دو بخش، تابستان دوماهه و زمستان ده‌ماهه (که ریشهٔ هند و اروپایی دارد) و زمانی به دو فصل، تابستان هفت‌ماهه و زمستان پنج‌ماهه (که ریشهٔ ایرانی دارد) تقسیم می‌شد؛ و بنابر برخی نظرها، جشن سده ــ چنان‌که خواهد آمد ــ

---

۱. در برخی از خانواده‌های زردشتی ــ به‌ندرت ــ جشن‌های ماهانه برگزار می‌شود.

۲. ***گاهشماری در ایران قدیم***، تألیف سید حسن تقی‌زاده، زیر نظر ایرج افشار، چاپ دوم، انتشارات شکوفان، ۱۳۵۷، صفحهٔ ۴۴ تا ۵۳.

در صدمین روز زمستان پنج‌ماهه (یعنی دهم بهمن) برگزار می‌شد؛ و نیز زمانی تابستان و زمستان هریک شش ماه بود.

و هنگامی سال شش فصل داشت، و هر فصل را گاه (در پهلوی گاس) می‌نامند و در پایان هرگاه جشنی پنج روزه می‌گرفتند به نام گاهان بار، که زردشتیان آن را برگزار می‌کنند.

و سرانجام، از زمانی کهن (شاید کهن‌ترین زمان)، تقسیم‌بندی سال را به چهار فصل بهار، تابستان، پاییز و زمستان داریم[1] و گاهشماری امروزمان بر این پایه است. در میان کوچ‌مندان و کشاورزان ایران هنوز محاسبهٔ فصل‌ها، به جای ماه‌ها فراموش نشده، برای معین کردن زمان فعالیت‌های دامداری و کشت، چهل‌وپنجم بهار (۱۵ اردیبهشت)، هفتادم تابستان (۱۰ شهریور) یا صدوبیستم نوروز (اول مرداد) در فارس، کرمان، لرستان و... رواج دارد.

ب) آغاز سال: در ایران کهن، آغاز سال در آغاز بهار (اعتدال بهاری) بوده، ولی به علت کوتاهی، در محاسبهٔ کبیسه ــ که در پی خواهد آمد ــ دگرگونی در آن پیدا شد؛ زمانی آغاز سال، اول تابستان (انقلاب صیفی) و ماه تیر بود؛ و در دوره‌ای، چنان‌که ابوریحان بیرونی آورده است، سال با اول تابستان ولی با نام ماه فروردین آغاز می‌شد و در نتیجه اعتدال بهاری در اول دی ماه بود؛ زمانی نیز آغاز سال در اول زمستان (انقلاب شتوی) و دی‌ماه، و هنگامی آغاز سال در اول پاییز (اعتدال پاییزی) مهر ماه بود؛ و در دوره‌ای، سال ثابت (بهیزکی) در ایران از نوزده حمل (نوزده فروردین) آغاز می‌شد.

و سرانجام با رواج گاهشماری جلالی، آغاز سال بر اعتدال بهاری و آغاز فروردین استوار ماند؛ و گاهشماری قمری یا مهی یا هلالی که بعد از اسلام در ایران رواج یافت، امروز بیشتر جنبهٔ دینی دارد. برگزاری

---

۱. در زبان پهلوی: وَهار، هامین، پاییز و زمستان.

فریضه‌ها، مناسک، سوگواری، جشن‌ها و آیین‌های اسلامی بر پایه گاهشماری قمری است.

شعری از حمدالله مستوفی به روشنی گویای پراکندگیِ گاهشماری‌ها در سدهٔ هفتم است: ...

سر سال هرکس دگرگونه است   وزان کار این ملک وارونه است
گروهی هلالی[1] کنند اختیار   گروهی خراجی[2] شمارد شمار
گروهی از این هردوان بگذرد   سر سال از فرودین بشمرد
که نوروز گبری بود نام آن   ز ایام کسری است هنگام آن[3]
گروهی ز اسکندری[4] دم زنند   گروهی حساب از جلالی[5] کنند
من[6] این جمله تاریخ‌ها بفکنم   یکی سازم و نام خانی کنم
سر سال نوروز و فصل بهار   که باشد شب و روز بر یک قرار
در آن سال نوروز فصل بهار   ز هجری شده هفتصد و یک شمار
ده و دو ز ماه رجب رفته روز   نهادند تاریخ گیتی فروز

---

۱. گاهشماری هلالی یا قمری، که ماه‌های آن نسبت به سال خورشیدی در گردش است و هر سی‌وشش سال یک‌بار به جای نخست می‌رسد.

۲. گاهشماری خراجی یا معتضدی ثابت کردن نوروز در فصلی است که برای جمع‌آوری مالیات متناسب باشد. (به ***گاهشماری در ایران قدیم***، (ص ۱۵۷ تا ۱۶۰ نگاه کنید).

۳. سال ثابت (بهیزکی) به عنوان سال اوستایی از روز نوزدهم ماه فروردین (۱۹ حمل) که فروردین نام دارد آغاز می‌شده است.

۴. سال سکندری از ۳۱۲ پیش از میلاد آغاز می‌شود. دربارهٔ این تاریخ، اختلاف نظر و اختلاف سند زیاد است (***گاهشماری در ایران قدیم***، ص ۳۰ تا ۳۴).

۵. گاهشماری جلالی یا ملکی، در زمان جلال‌الدین ملکشاه، گروهی از منجمان از جمله؛ عمرخیام، ابوالعباس لوکری و میمون‌بن نجیب، پیشنهاد کردند و رواج یافت و گاهنامهٔ خورشیدی امروز بر همان پایه است.

۶. این شعر از زبان غازان‌خان فرزند ارغون هفتمین ایل‌خان مغول (متوفی در سال ۷۰۳ هـ. ق) سروده شده و در کتاب ***ظفرنامهٔ*** حمدالله مستوفی به سیاق ***شاهنامهٔ*** فردوسی آمده است.

یکی گشت در ملک ایران حساب ورا هست تاریخ خانی خطاب[۱]

کبیسه

یکی از علت‌های نابسامانی و گردش زمانی در گاهشماری‌ها، نابسامانی و کوتاهی در «کبیسه کردن» است. واژهٔ کبیسه معرب واژهٔ سریانی کبیشتا و به معنی پُر و افزوده می‌باشد[۲]. در زبان فارسی ــ و نیز زبان عربی ــ این واژه تنها برای سال کبیسه به‌کار می‌رود. بدین معنی که در گاهشماری‌های خورشیدی سال را ۳۶۵ روز می‌آورند، در صورتی که زمان گردش زمین به دور خورشید ــ چنان‌که در پیش گفته آمد ــ ۳۶۵ روز و ۵ ساعت و ۴۸ دقیقه و ۴۶ ثانیه است. برای همسان کردن، ساعت‌های افزون را هر چهار سال یک روز به‌شمار آورده و در سال چهارم یک روز به ماه اسفند، که ۲۹ روز است، می‌افزایند[۳].

در ایران پیش از اسلام، این ساعت‌ها و دقیقه‌های افزون را، روی هم انباشته و هر ۱۲۰ سال یک ماه به سال می‌افزودند. این کبیسه کردن، در پی نابسامانی‌های دورهٔ ساسانی، از زمان خسروپرویز، انجام نشد؛ و در نتیجه نوروز آغاز سال و فروردین ماه، در گاهنامهٔ ایران، از آغاز بهار (اعتدال ربیعی) به آغاز تابستان (انقلاب صیفی) رسید، و چندی بر این پایید، تا در زمان جلال‌الدوله ملکشاه و تنظیم تقویم دوباره کبیسه برقرار گردید.

کبیسه کردن: در گاهشماری قمری که سال $۳۵۴\frac{۱۱}{۲۰}$ روز است، و از سال خورشیدی نزدیک به ۱۱ روز کم دارد، چنین بود که هر سه سال یک

---

۱. تاریخ‌خانی یا تاریخ غازانی، گاهشماری است که در زمان غازان‌خان از سال ۷۰۱ هـ. ق. آغاز شد و مانند تاریخ جلالی، آغاز آن اول حمل و اول فروردین است.

۲. به ***گاهشماری در ایران قدیم***، فصل کبیسه و کیفیت اجرای آن صفحه‌های ۱۱ تا ۴۰ مراجعه شود.

۳. ***همان***.

ماه به سال قمری افزوده و آن را ۱۳ ماه به شمار می‌آوردند. کبیسه کردن سال قمری، در عرب، از سال دهم هجری به دستور حضرت پیامبر (ص) ممنوع گردید، ولی هندیان بر این روال، هر سه سالی یک‌ماه به گاهشماری قمری می‌افزایند.

پنجه (خمسه مسترقه)، در گاهشماری ایران، به‌درستی، کبیسه‌ای هر ساله بود. بدین‌معنی که ماه‌های سی روزه‌ای که هر روزش را نامی و نشانی آشکار بود و به تمامی ۳۶۰ روز بود؛ پس برای همسانی ۵ روز به پایان سال ــ یا به آغاز سال ــ افزودند. و این پنج روز را ــ که در «جستار نوروز» از آن سخن خواهد رفت ــ دست از کار کشیده، و به شادی و شوخی برگزار می‌کردند. نمونه‌هایی دیگر از کبیسه کردن، در گاهشماری‌های گذشته و امروز کم نیست[1].

از سال ۱۳۰۴ خورشیدی با افزودن یک روز به ماه‌های فروردین تا شهریور ماه و محاسبهٔ اسفند ۲۹ روز، روزهای پنجه، به‌دست فراموشی سپرده می‌شود؛ و با سی روز حساب کردنِ اسفند ماه، در هر چهار سال، یک‌بار، کبیسه می‌شود.

دربارهٔ جشن‌ها و آیین‌های کهن ایران ــ انگیزه و شیوهٔ برگزاری ــ کتاب، مقاله، داستان و شعر بسیار است.

بیشترین و گویاترین سندها دربارهٔ برگزاری جشن‌های پیش از اسلام ــ و پس از اسلام ــ کتاب‌های ادبی، تاریخی و اجتماعی سده‌های چهارم و پنجم هجری است که بایستی از کتاب‌های ***التفهیم***، ***آثارالباقیه***، ***مروج‌الذهب***، ***شاهنامه***، ***زین‌الاخبار***، ***تاریخ بیهقی*** و ... نام برد[2]. کتاب‌های این دوره، در بسیاری از زمینه‌ها، از جمله آیین‌ها، منبعی ارزشمند برای نویسندگان و پژوهشگران سده‌های پس از آن تا به امروز است.

در این هفتاد و پنج سال اخیر، کتاب، مقاله و پژوهش‌های فراوانی،

---

۱. ***همان***. ۲. به فهرست منبع‌های پایان کتاب نگاه کنید.

دربارهٔ جشن‌ها و آیین‌های کهن و باستانی ایرانی، با استناد به منبع‌های یاد شده، تألیف گردیده است. و به‌درستی در معرفی جشن‌های کهن نکته‌ای ناگفته نمانده است. برخی از کتاب‌ها و پژوهش‌ها بدین شرح است:

ـ *گاهشماری در ایران قدیم*، از تقی‌زاده، ۱۳۷۵؛ ـ*مزدیسنا و تأثیر آن در ادبیات فارسی*، تألیف دکتر محمد معین، ۱۳۳۶؛ ـ*گاهشماری و جشن‌های ملی ایرانیان*، از دکتر ذبیح‌الله صفا، ۱۳۵۵؛ ـ*گاهشماری و جشن‌های ایران باستان*، هاشم رضی، ۱۳۵۸؛ ـ*تقویم و تاریخ در ایران*، ذبیح بهروز، ۱۳۳۱؛ ـ*جهان فروری*، دکتر بهرام فره‌وشی، ۱۳۶۴ (چاپ دوم)؛ ـ*آیین برگزاری جشن‌های ایران باستان*، اردشیر آذرگشب، ۱۳۵۶؛ ـ*جشن‌های باستانی ایران*، علی خوروش، ۱۳۳۶؛ ـ*آناهیتا*، ابراهیم پورداود، ۱۳۴۳؛ ـ*آیین‌های نوروزی*، مرتضی هنری، ۱۳۵۳؛ شمار مقاله دربارهٔ جشن‌ها و آیین‌های کهن، در سدهٔ اخیر، بسی بیش از کتاب است. کمتر فصل‌نامه، ماه‌نامه و هفته‌نامه‌ای را سراغ داریم که همه‌ساله به مناسبت رسیدن جشن مهرگان، یلدا، سده، و به‌ویژه نوروز، شرحی ننوشته باشد. فهرست مقاله‌ها و پژوهش‌های فراوانی را در این زمینه، در کتاب‌های *نوروز، تاریخچه و مرجع‌شناسی*[۱] و *فهرست مقالات مردم‌شناسی*[۲] می‌یابید.

افزون بر آن، سازمان‌ها و مؤسسه‌هایی که به مطالعه و پژوهش مردم‌شناسی می‌پردازند، در کنار پژوهش‌های دیگر، به مطالعهٔ شیوهٔ برگزاری جشن‌ها، در شهرها، روستاها و عشیره‌های ایران پرداخته‌اند که از آن جمله است:

---

۱. *نوروز، تاریخچه و مرجع‌شناسی*، تألیف پرویز اذکائی، از انتشارات وزارت فرهنگ و هنر، مرکز مردم‌شناسی ایران، ۱۳۵۳. در این کتاب ۱۱۷ مقاله دربارهٔ نوروز ذکر شده و ۳۵ منبع از کتاب‌های ادبی و تاریخی کهن که دربارهٔ نوروز نوشته‌اند.

۲. *فهرست مقالات مردم‌شناسی*، انتشارات مؤسسهٔ مطالعات و تحقیقات اجتماعی دانشگاه تهران، ۱۳۵۶، در این فهرست ۱۱۵ مقاله دربارهٔ نوروز، ۲۲ مقاله دربارهٔ جشن سده و ۲۰ مقاله دربارهٔ مهرگان ثبت شده است.

۱. مرکز مردم‌شناسی ایران: این مرکز پژوهش‌های ارزنده‌ای در زمینهٔ فرهنگ عامه، جشن‌ها و آیین‌های فرهنگی و سنتی ایران، منتشر ساخت. دورهٔ مجلهٔ **فرهنگ و مردم** مجموعهٔ ارزشمندی دربارهٔ آیین‌ها است.

۲. مؤسسهٔ مطالعات و تحقیقات اجتماعی: با پژوهش‌ها، گردآوری‌ها، و مونوگرافی‌ها در شناختن و شناساندن آیین‌ها سهمی درخور توجه دارد.

۳. مرکز فرهنگ مردم: با امکانی که در پخش برنامه‌های رادیویی برای گردآوری فولکلور و آیین‌های عامهٔ مردم داشت، گنجینهٔ پر بهایی در این‌باره فراهم آورد.

کوشش‌ها و پژوهش‌های این سه مرکز، تجربهٔ گران‌سنگی در شناخت و گردآوری شیوه‌های برگزاری جشن‌ها و آیین‌های سنتی، محلی و منطقه‌ای بود. و بسیاری از مقاله‌های نشریه‌ها به قلم پژوهشگران این سه مرکز آموزشی و پژوهشی نوشته شده است.

برگزاری جشن‌ها، همان‌گونه که در «درازای زمان» به یک شیوه و روال بر جای نمانده، در «پهنای مکان» نیز به یک‌گونه برگزار نمی‌شود. هر شهر، منطقه و آبادی، جشن‌ها و آیین‌های سنتی را متناسب با وضع اقلیمی، قومی، تاریخی و اعتقادی ویژهٔ آن محل برگزار می‌کند. شیوه‌ای که نمی‌توان آن را «تعمیم» داد. و برای آشنایی با این تفاوت‌ها است که پژوهش‌ها و مقاله‌هایی، که معرف برگزاری جشن یا جشن‌ها در منطقه‌ای معین است، مورد توجه قرار می‌گیرد.[1]

---

۱. مقاله‌های: «نوروز در کردستان» از مصطفی کیوان (۱۳۴۹)، «نوروز در خیاویا مشکین‌شهر» از غلامحسین ساعدی (۱۳۴۴)، «نوروز در خراسان» از ابراهیم شکورزاده (۱۳۴۶) و «مراسم نوروز در سمای مازندران» از هوشنگ پورکریم (۱۳۴۷) با وجود زمینهٔ مشترک کهن و سنتی، معرف چهار استان متفاوت است.

تکنولوژی صنعتی و برگزاری جشن‌ها

رسانه‌های گروهی، و وسیله‌های پرشتابِ رفت و آمد بین شهرها و آبادی‌ها، به ناگزیر، در بسیاری از زمینه‌ها و نیز در برگزاری جشن‌ها یکنواختی و یکسانی را موجب می‌شود. هنگامی که صفحهٔ تلویزیون «سفرهٔ هفت‌سین» را در تهران، و در یک برنامهٔ رسمی نشان می‌دهد، خواه و ناخواه، بر فراهم‌آوریِ «سفرهٔ هفت‌سینِ» شهرهای دور و نزدیک اثر می‌گذارد. و یکسانی و یکنواختی را ــ به‌ویژه در فرهنگ غیرمادی ــ گسترش می‌دهد[1].

از آن‌جا که به‌دشواری می‌توان ــ یا درست‌تر بگوییم نمی‌توان ــ از اشاعهٔ فرهنگ مادی جلوگیری کرد، در بسیاری از کشورها و شهرها می‌کوشند که فرهنگ غیرمادی منطقه را ــ که معرف هویت فرهنگی است ــ زنده و پابرجا نگه دارند.

در این پژوهش ــ چنان‌که عنوان کتاب گویای آن است ــ به جشن‌ها و آیین‌های کهنی پرداخته شده که برگزاری آن‌ها، با همهٔ دگرگونی‌ها و پیش‌آمدهای اجتماعی و سیاسی پابرجای مانده است. کتاب‌ها و سندهای سده‌های پیشین ــ به‌ویژه سدهٔ چهارم و پنجم ــ و مشاهده‌ها و مشارکت‌های نگارنده، منبع و مأخذ اصلی را تشکیل می‌دهد. و در پایان هر جستار، منبع‌های مورد استفاده، به ترتیبی که در متن آمده یاد شده است.

بخش‌های سه‌گانهٔ کتاب عبارتند از:

۱. بخش نخست شامل جشن‌ها و آیین‌هایی است که در همهٔ شهرهای ایران، و در بین همهٔ قشرهای اجتماعی، از کهن‌ترین زمان‌ها، تا

---

۱. برای نمونه، همهٔ شهرهای ایران برای سفرهٔ هفت‌سین، در جستجوی ماهی قرمز هستند. چون در تلویزیون ماهی قرمز بر سر سفرهٔ هفت‌سین نشان داده شده است. در برخی از آبادی‌ها ماهی قرمز نیست، در سندهای کهن رنگ ماهی مشخص نشده است.

به امروز ــ با تفاوت‌هایی که خواه و ناخواه زاییده و پرورش یافتهٔ فضای جغرافیایی و تاریخی است ــ برگزار می‌شود، و از آن جمله‌اند: نوروز، یلدا و نیز مهرگان (با توضیحی کوتاه).

۲. در بخش دوم، از جشن‌های کهنی سخن می‌رود که در بسیاری از شهرها به دست فراموشی سپرده شده، ولی در یک یا دو منطقه و اُستان تا به امروز بر جای مانده است، مانند جشن سده در کرمان و جشن تیرگان در مازندران.

۳. بخش سوم دربارهٔ آیین‌هایی است که نمی‌توان ــ و نبایست ــ نام جشن (به مفهوم شادمانی) بر آن نهاد. این آیین‌ها که از دیرباز به‌وسیلهٔ پیروان مذهبِ زردشتی، ارمنی و شیعه در منطقه‌های کوهستانی یزد و ماکو و کاشان برگزار می‌شود، دارای همسانی‌هایی درخور توجه‌اند.

بخش نخست

۱. نوروز
۲. مهرگان
۳. یلدا

در این بخش از جشن‌ها و آیین‌های کهنی سخن می‌رود که گذشت روزگاران و دگرگونی‌های سیاسی و اجتماعی سده‌ها ــ و شاید هزاره‌ها ــ آن‌ها را به دست فراموشی نسپرده و در همهٔ شهرهای ایران و نزد همهٔ قشرها و گروه‌ها و با سازگاری با دگرگونی‌های فنی و صنعتی امروز برگزار می‌شود. این‌ها عبارتند از: نوروز، مهرگان و یلدا.

در مورد مهرگان، بایستی یادآور شد که نه چون جشن‌های دوازده‌گانهٔ کهن: فروردین‌گان، اردیبهشت‌گان و...، یکسره فراموش شده و نه چون نوروز و یلدا، برگزاری آن تا به امروز ادامه یافته است. ولی دست‌کم، از آغاز این سده، در کتاب‌ها و نوشته‌های شاعران و نویسندگان فراموش نشده و در مهرماه هر سال مجله‌ها و نشریه‌ها دربارهٔ آن سخن می‌گویند.

از سویی دیگر، در برخی از شهرها، آیین‌ها و رسم‌ها و طوی‌هایی[1] در مهرماه دیده می‌شود، که شاید ــ با توجه به دگرگونی‌هایی که با گذشت زمان در همهٔ زمینه‌های فرهنگی رخ می‌دهد ــ با جشن مهرگان پیوند خورده باشد.

---

۱. طوی به معنی جشن و سرور در بعضی از شهرهای خراسان و نیز در تاجیکستان بکار می‌رود.

جشن نوروز

انسان، از نخستین سال‌های زندگی اجتماعی، زمانی که از راه شکار و گردآوری خوراک‌های گیاهی روزگار می‌گذراند، متوجه بازگشت و تکرار برخی از رویدادهای طبیعی، یعنی تکرار فصل‌ها شد. زمان یخبندان‌ها موسم شکوفه‌ها، هنگام جفت‌گیری پرندگان و چرندگان را از یکدیگر جدا کرد. نیاز به محاسبه در دوران کشاورزی، یعنی نیاز به دانستن زمان کاشت و برداشت؛ فصل‌بندی‌ها و تقویم دهقانی و زراعی را به‌وجود آورد.

نخستین محاسبهٔ فصل‌ها، بی‌گمان، در همهٔ جامعه‌ها، با گردش ماه، که تغییر آن آسان‌تر دیده می‌شد، صورت گرفت. و بالأخره نارسایی‌ها و ناهماهنگی‌هایی که تقویم قمری، با تقویم دهقانی داشت، محاسبه و تنظیم تقویم براساس گردش خورشید صورت پذیرفت.

سال در نزد ایرانیان همواره دارای چهار فصل نبوده، زمانی شامل دو فصل: زمستان ده‌ماهه و تابستان دوماهه بوده[1]، و زمانی دیگر تابستان

---

۱. *گاهشماری در ایران قدیم*، تألیف حسن تقی‌زاده (مجموعهٔ مقالات، جلد دهم).

هفت ماه (از فروردین تا آبان) و زمستان پنج ماه (از آبان تا فروردین) بوده،[1] و سرانجام از زمانی نسبتاً کهن به چهار فصل سه‌ماهه تقسیم گردیده است. گذشته از ایران: «سال و ماه سغدی‌ها، خوارزمی‌ها، سیستان‌ها در شرق و کاپادوکی‌ها و ارمنی‌ها در مغرب ایران، بدون کم و زیاد همان سال و ماه ایرانی است[2]».

آغازِ سال. مردم‌شناسان را عقیده بر این است که محاسبهٔ آغاز سال، در میان قوم‌ها و گروه‌های کهن، از دوران کشاورزی، همراه با مرحله‌ای از کشت یا برداشت بوده و بدین‌جهت است که آغاز سال نو در بیشتر کشورها و آیین‌ها در نخستین روزهای پاییز، زمستان و بهار می‌باشد.

آغاز سال ایرانیان، هرچند زمانی دستخوش تغییر گردید، ولی: «حمزه اصفهانی در کتاب سنی *ملوک الارض و الانبیاء* و بیرونی در *آثارالباقیه* گویند که آغاز سال ایرانی، از زمان خلقت انسان (یعنی ابتدای هزاره هفتم از تاریخ عالم) روز هرمز از ماه فروردین بود. وقتی که آفتاب در نصف‌النهار، در نقطهٔ اعتدال ربیعی بود، و طالع سرطان بود».[3]

پیدایش جشن نوروز

در ادبیات فارسی جشن نوروز را، مانند بسیاری دیگر از آیین‌ها، رسم‌ها، فرهنگ‌ها و تمدن‌ها به نخستین پادشاهان نسبت می‌دهند. شاعران و نویسندگان قرن چهارم و پنجم هجری، چون فردوسی، منوچهری، عنصری، بیرونی، طبری، مسعودی، مسکویه، گردیزی و بسیاری دیگر، که منبع تاریخی و اسطوره‌ای آنان بی‌گمان ادبیات پیش از

← چاپ دوم زیر نظر ایرج افشار، انتشارات شکوفان، ۱۳۵۷، ص ۴۴، به نقل از *وندیداد*، فرگرد اول. ۱. همان، ص ۴۴.

۲. همان، ص ۷، برای هر نوع توضیح و تحقیق دربارهٔ «گاهشماری»ها به این کتاب گران‌سنگ و پربها مراجعه نمایید. ۳. همان، ص ۶۵.

اسلام بوده، نوروز و برگزاری جشن نوروز را از زمان پادشاهی جمشید می‌دانند، که تنها به چند نمونه و مورد اشاره می‌شود:

جهان انجمن شد بر تخت اوی — از آن بر شده فره بخت اوی
به جمشید بر گوهر افشاندند — مر آن روز را روز نو خواندند
سر سال نو هرمز[1] فرودین — بر آسوده از رنج تن، دل ز کین
به نوروز نو شاه گیتی‌فروز — بر آن تخت بنشست فیروزروز
بزرگان به شادی بیاراستند — می و رود و رامشگران خواستند[2]

محمدبن جریر طبری نوروز را سرآغاز دادگری جمشید دانسته:

جمشید علما را فرمود که آن روز که من بنشستم به مظالم، شما نزد من باشید تا هرچه در او داد و عدل باشد بنمایید، تا من آن کنم. و آن‌روز که به مظالم نشست روز هرمز بود از ماه فروردین. پس آن روز رسم کردند.[3]

ابوریحان بیرونی پرواز کردن جمشید را آغاز جشن نوروز می‌داند:

چون جمشید برای خود گردونه بساخت، در این روز بر آن سوار شد، و جن و شیاطین او را در هوا حمل کردند و به یک روز از کوه دماوند به بابل آمد و مردم برای دیدن این امر در شگفت شدند و این روز را عید گرفته و برای یادبود آن روز در تاب می‌نشینند و تاب می‌خورند.[4]

---

۱. هرمز نام نخستین روز هر ماه است (در روزشمار کهن سی روز ماه را سی نام است)
۲. **شاهنامه** فردوسی، جلد اول، داستان جمشید.
۳. ***تاریخ طبری***، تألیف محمدبن جریر طبری، ترجمهٔ ابوالقاسم پاینده، نشر اساطیر، سال ۱۳۵۲، جلد اول، ص ۲۱.
۴. ***آثارالباقیه***، تألیف ابوریحان بیرونی، ترجمهٔ اکبر داناسرشت، انتشارات امیرکبیر، ۱۳۶۳، ص ۳۲۷.

به نوشتهٔ گردیزی، جمشید جشن نوروز را به شکرانهٔ این‌که خداوند «گرما و سرما و بیماری و مرگ را از مردمان گرفت و سیصد سال بر این جمله بود»[1] برگزار کرد و هم در این روز بود که «جمشید بر گوساله‌ای نشست و به سوی جنوب رفت به حرب دیوان و سیاهان و با ایشان حرب کرد و همه را مقهور کرد.»[2]

و سرانجام، خیام می‌نویسد که جمشید به مناسبت بازآمدن خورشید به برج حمل، نوروز را جشن گرفت:

> سبب نهادن نوروز آن بوده است که آفتاب را دو دور بود، یکی آن‌که هر سیصدوشصت و پنج شبان‌روز و ربعی از شبان‌روز به اول دقیقه حمل باز آمد و به همان روز که رفته بود بدین دقیقه نتواند از آمدن، چه هر سال از مدت همی کم شود؛ و چون جمشید، آن روز دریافت (آن را) نوروز نام نهاد و جشن و آیین آورد و پس از آن پادشاهان و دیگر مردمان بدو اقتدا کردند.[3]

درخور یادآوری است که جشن نوروز پیش از جمشید نیز برگزار می‌شده و ابوریحان نیز، با آن‌که جشن را به جمشید منسوب می‌کند، یادآور می‌شود که، «آن روز را که روز تازه‌ای بود جمشید عید گرفت؛ اگرچه پیش از آن هم نوروز بزرگ و معظم بود».[4]

گذشته از ایران، در آسیای صغیر و یونانِ، برگزاری جشن‌ها و آیین‌هایی را در آغاز بهار سراغ داریم. در منطقهٔ لیدی و فری‌ژی[5]،

---

۱. ***زین‌الاخبار***، تألیف عبدالحی‌بن ضحاک‌بن محمود گردیزی، نشر دنیای کتاب، چاپ دوم، ۱۳۶۳، ص ۳۳. ۲. **همان**، ص ۵۱۴.

۳. **نوروزنامه**، منسوب به عمربن ابراهیم خیام نیشابوری، به کوشش علی حصوری، نشر طهوری، ۱۳۵۷، ص ۱۴. ۴. ***آثارالباقیه***، ص ۳۲۷.

۵. Phrygie، منطقه شمال غربی آسیای صغیر.

براساس اسطوره‌های کهن، به افتخار سی‌بل[۱]، الههٔ باروری و معروف به مادر خدایان، و الههٔ آتیس[۲] جشنی در هنگام رسیدن خورشید به برج حمل و هنگام اعتدال بهاری[۳]، برگزار می‌شد. مورخان از برگزاری آن در زمان اگوست‌شاه در تمامی سرزمین فری‌ژی و یونان و لیدی و آناتولی خبر می‌دهند. به‌ویژه از جشن و شادی بزرگ در سه روز ۲۵ تا ۲۸ مارس (۴ تا ۷ فروردین).

صدرالدین عینی دربارهٔ برگزاری جشن نوروز در تاجیکستان و در بخارا (ازبکستان) می‌نویسد:

> ... به سبب اول بهار، در وقت به حرکت درآمدن تمام رستنی‌ها، راست آمدن این عید، طبیعت انسان هم به حرکت می‌آید. از این‌جاست که تاجیکان می‌گویند: «حَمَلْ، همه چیز در عمل». در حقیقت این عید به حرکت آمدن کشت‌های غله، دانه و سرشدن (آغاز) کشت وکار و دیگر حاصلات زمینی است که انسان را سیر کرده و سبب بقای حیات او می‌شود.[۴]

وی در جای دیگر می‌گوید:

> در بخارا «نوروز» را که عید ملی عموم فارسی‌زبانان است بسیار حرمت می‌کردند. حتی ملای دینی به این عید که پیش از اسلامیت، عادت ملی بوده، بعد از مسلمان شدن هم مردم این عید را ترک نکرده بودند، رنگ دینی اسلامی داده، از وی فایده می‌بردند. از آیت‌های قرآن **هفت سلام** نوشته به «غولونگ آب»[5] که خوردن وی در نوروز، از عادت‌های ملی، بیش‌تره بود، تر کرده می‌خوردند.[۶]

---

1. Cybele. 2. Attis 3. equinoxe du printemps

۴. ***یادداشت‌ها***، تألیف صدرالدین عینی، ترجمهٔ علی‌اکبر سعیدی سیرجانی، انتشارات آگاه، تهران، ۱۳۶۲، ص ۶۹۸.

۵. زردآلو و قیسی خشک شده را که در آب خیس کنند. ۶. ***همان***، ص ۱۹۴.

ولی برگزاری شکوهمند و باورمند و همگانی این جشن در دستگاه‌های حکومتی و سازمان‌های دولتی و غیردولتی و در بین همهٔ قشرها و گروه‌های اجتماعی، بی‌گمان، از ویژگی‌های ایران‌زمین است؛ که با وجود جنگ و ستیزها، شکست‌ها و دگرگونی‌های سیاسی، اجتماعی، اعتقادی، علمی و فنی، از روزگاران کهن پابرجا مانده، و افزون بر آن به جامعه‌ها و فرهنگ‌های دیگر نیز راه یافته است[۱]؛ و در مقام مقایسه، امروز جامعه و کشوری را با جشن و آیین چندین روزه‌ای، که چنین همگانی و مورد احترام و باور خاص و عام، فقیر و غنی، کوچک و بزرگ، و بالأخره شهری و روستایی و عشایری باشد، سراغ نداریم[۲].

روایت‌های اسلامی دربارهٔ نوروز

در این زمینه، از آن‌جا که سخن بسیار رفته است، به آوردن دو روایت بسنده می‌شود: در زمان حضرت رسول (ص)، به روایتی که عبدالصمدبن علی از جد خود نقل می‌کند:

> در نوروز جامی سیمین که پر از حلوا بود، برای پیغمبر هدیه آوردند و آن حضرت پرسید که این چیست؟ گفتند امروز روز نوروز است. پرسید که نوروز چیست؟ گفتند، عید بزرگ ایرانیان است. فرمود آری، در این روز بود که خداوند عسکره را زنده کرد. پرسیدند عسکره چیست؟ فرمود عسکره هزاران مردمی بودند که

---

۱. اگر واژهٔ نوروز (نیروز) در زبان و فرهنگ عربی راه یافته و اگر اصطلاح «مهرجان» (مهرگان در تلفظ عرب) از دیرزمانی در کشورهای عربی‌زبان به معنی عامِ جشن و جشنواره به‌کار می‌رود، بایستی در اثر فرهنگ‌پذیری رسم‌ها و آیین‌های مشهور و همگانی این سرزمین باشد.

۲. به بازتاب برگزاری جشن نوروز گذشته، در روزنامه‌ها، برنامه‌های رسانه‌ها، آمدورفت در محله‌ها، سفرها، خرید و فروش‌ها ــ که خود موضوع پژوهشی اجتماعی، فرهنگی، اقتصادی درخور توجه است ــ نگاه کنید.

از ترسِ مرگ ترک دیار کرده و سر به بیابان نهادند و خداوند به آنان گفت بمیرید و مردند. سپس آنان را زنده کرد و ابرها را امر فرمود که به آنان ببارد از این روست که پاشیدن آب در این روز رسم شده؛ سپس از آن حلوا تناول کرد و جام را میان اصحاب خود قسمت کرده و گفت کاش هر روزی بر ما نوروز بود[1].

و نیز حدیثی است از معلی‌بن خنیس که گفت:

روز نوروز بر حضرت جعفربن محمد صادق درآمدم گفت آیا این روز را می‌شناسی؟ گفتم فدای تو گردم، این روزی است که ایرانیان آن را بزرگ می‌دارند و به یکدیگر هدیه و ارمغان می‌دهند. پس حضرت صادق گفت، سوگند به خداوند که این بزرگداشت نوروز به علت امری کهن است که برایت بازگو می‌کنم تا آن را دریابی (...) پس گفت؛ ای معلی، روز نوروز روزی است که خداوند از بندگان خدا پیمان گرفت که او را بپرستند و او را شریک و انبازی نگیرند و به پیامبران و راهنمایان او بگروند و به پیشوایان دین ایمان بیاورند. همان روزی است که آفتاب در آن طلوع کرد و بادها وزیدن گرفت و زمین در آن شکوفا و درخشان شد. همان روزی است که کشتی نوح در کوه آرام گرفت. همان روزی است که پیامبر خدا، امیرالمؤمنین علی (ع) را بر دوش خود گرفت تا بت‌های قریش را از کعبه به زیر افکند که بتان را خرد کند، چنان‌که ابراهیم نیز این کار را کرد. همان روزی است که پیامبر به یاران خود فرمود تا با علی (ع) به عنوان امیرالمؤمنین بیعت کنند (عید غدیر خم)، همان روزی است که قائم آل محمد (ص) و اولیای امر در آن ظهور کنند و همان روزی است که قائم بر دجّال پیروز شود و او را در کنار

۱. *آثارالباقیه*، ص ۳۲۵.

کوفه بر دار کشد و هیچ روز نوروزی نیست که ما در آن متوقع گشایش و فرجی نباشیم، زیرا نوروز از روزهای ما و شیعیان ماست[۱].

بزرگداشت و برگزاری نوروز، به‌ویژه در نزد شیعیان، و تا به امروز ادامه دارد. و سفرهٔ هفت‌سین، بدون قرآن و تحویل سال بدون گفتن: «یا محول‌الحول والاحوال، حوّل حالنا الی احسن‌الحال» نیست[۲]

روزها، یا ماه جشن نوروز

مدت برگزاری جشن‌هایی چون مهرگان، یلدا، سده و بسیاری دیگر، معمولاً یک روز (یا یک شب) بیشتر نیست. ولی جشن نوروز، که درباره‌اش اصطلاحِ «جشن‌ها و آیین‌های نوروزی» گویاتر است، دست‌کم یک یا دو هفته ادامه دارد. ابوریحان بیرونی مدت برگزاری جشن نوروز را، پس از جمشید، یک ماه می‌نویسد:

چون جم درگذشت، پادشاهان همه روزهای این ماه را عید گرفتند. عیدها را شش بخش نمودند: ۵ روز نخست را به پادشاهان اختصاص دادند، ۵ روز دوم را به اشراف، ۵ روز سوم را به خادمان و کارکنانِ پادشاهی، ۵ روز چهارم را به ندیمان و درباریان، ۵ روز پنجم را به توده مردم و پنجه ششم را به برزیگران[۳].

---

۱. ***بحارالانوار***، علّامه مجلسی، جلد چهاردهم، مبحث نوروز.

۲. گفتنی است که برخی از نویسندگان عرب، از دورهٔ بنی‌عباس، در مخالفت با شیعه، به‌ویژه ایرانیان شیعه، مراسم نوروز را ــ مانند بسیاری از اعتقادهای دیگر شیعه ــ «جشن گبرکان» خواندند. به کتاب ***النقض***، تألیف عبدالجلیل قزوینی رازی (قرن ششم)، تصحیح محدث ارموی، انجمن آثار ملی، ۱۳۵۸، ص ۴۴۵ مراجعه شود.

۳. ***آثارالباقیه***، ص ۳۳۲.

کمپفر در سفرنامهٔ خود آورده که، در زمان شاه سلیمان صفوی، مهمانی‌ها، تفریح و جشن‌های نوروز در میدان‌های عمومی تا سه هفته طول می‌کشید[۱]. دروویل مدت تعطیلی جشن نوروز را در زمان فتحعلیشاه دو هفته می‌نویسد[۲].

ولی برگزاری مراسم نوروزی امروز، دست‌کم از پنجه و «چهارشنبهٔ آخر سال» آغاز و در «سیزده بدر» پایان می‌پذیرد.

رسم‌ها و آیین‌های نوروزی که از روزگاران کهن برگزاری آن‌ها از نسلی به نسل بعد به ارث رسیده، به‌ناگزیر با دگرگونی شیوه‌های زندگی، تکنولوژی‌های صنعتی و ماشینی، سازمان‌های اداری، شغل‌ها، قانون‌ها، وسایل ارتباط جمعی جدید ـ چنان‌که خواهیم دید ـ بدون آن‌که هویت خود را از دست بدهد، تحول یافته است.

از آداب و رسم‌های کهن پیش از نوروز، بایستی از پنجه (خمسه مسترقه)، چهارشنبه سوری و خانه تکانی یاد کرد، که در واقع، پیش درآمدِ آماده‌سازی فضای جشن‌های نوروزی است، که به ترتیب می‌بینیم:

پنجه (خمسه مسترقه)

بنابر سال‌نمای کهن ایران، هریک از دوازده ماه سال سی روز است و پنج روز باقی‌ماندهٔ سال را پنجه، پنجک، خمسه مسترقه[۳]، پیتک (در زبان

---

۱. ***در دربار شاهنشاه ایران***. ا. کمپفر، ترجمهٔ کیکاوس جهاندادی، انتشارات انجمن آثار ملی، ۱۳۵۰، ص ۲۴۰.

۲. ***سفرنامه دروویل***، ترجمهٔ جواد محبی، انتشارات گوتمبرک، ۱۳۴۸، فصل بیستم.

۳. به معنی پنجه دزدیده، وجه تسمیهٔ آن به دزدیده آن است که گویا وزیر یکی از پادشاهان عجم حاصل این پنج روز را از تمام ممالک به حساب نمی‌آورده (***لغت‌نامه دهخدا***).

و تقویم مازندرانی) یا بهیزک (در روزشمار زردشتیان) گویند. ابوریحان دربارهٔ پنجه می‌نویسد:

... هریک از ماه‌های فارسی سی روز است و از آن‌جا که سال حقیقی سیصد و شصت و پنج روز است، پارسیان پنج روز دیگر سال را «پنجی» و «اندرگاه» گویند. سپس این نام تعریب شده و «اندرجاه» گفته شد و نیز این پنج روز دیگر را روزهای مسترقه نامند، زیرا که در شمار هیچ‌یک از ماه‌ها حساب نمی‌شود...[۱].

این پنج روز را، که همزمان با یکی از شش «گهنبار»[۲] است، جشن می‌گرفتند. مراسم پنجه تا سال ۱۳۰۴، که تقویم رسمی شش ماه اول سال را سی‌ویک روز قرار داد[۳]، برگزار می‌شد.

برگزاری جشن خمسه در بین همهٔ قشرهای اجتماعی رواج داشت. به‌طوری که در ۱۳۱۱ هجری قمری مردی نیک‌اندیش در هزینه کردن درآمد موقوفهٔ خود، در استرکِ کاشان، سفارش می‌کند که؛ «... بقیه منافع وقف را هر ساله برنج ابتیاع نموده از آخر خمسه مسترقه به تمام اهالی استرک وضیع و شریف ذکور و اناث، صغیر و کبیر بالسویه برسانند.»[۴]

در گاهشماری تبری، که نوروز در مرداد ماه برگزار می‌شد[۵]، مراسم پنجه(خمسه مسترقه)، در دورهٔ صفویه، همزمان با جشن وروز آب‌پاشان بود:

---

۱. *آثارالباقیه*، ص ۶۹ و نیز نگاه کنید به *زین‌الاخبار* گردیزی، ص ۵۲۱.

۲. ایرانیان باستان را شش جشن بود، به ترتیب به مناسبت آفرینش آسمان، آب، زمین، روییدنی‌ها، جانوران و ششمین جشن که پنج روز پایانی سال است به مناسبت آفرینش مردمان، این جشن‌ها را گهنبار یا «گاهان‌بار» نامند.

۳. به مبحث «آغاز سال» در همین جستار مراجعه شود.

۴. به جستار تحلیل یک وقف‌نامه، کتاب نمودهای فرهنگی و اجتماعی در ادبیات فارسی، انتشارات آگاه، ۱۳۷۵ ص ۲۴۷ نگاه کنید.

۵. به جستار «جشن تیرگان، تیروجشن» در این مجموعه نگاه کنید.

... و حضرت اعلی شاهی ظل‌اللهی، به دستور ولایت بهشت‌آسای مازندران کامیاب دولت بودند، و چون فصل نشاط‌افزای بهاری سپری گشته، هوای آن دیار رو به گرمی نهاد، ارادهٔ تماشای جشن و سرور پنجه که معتاد مردم گیلان است از خاطر خطیر سر زد. رسم مردم گیلان است که در ایام خمسه مسترقه هر سال که به حساب اهل تنجیم آن ملک، بعد از انقضای سه ماه بهار قرار داده‌اند، و در میانه اهل عجم روز آب‌پاشان است، بزرگ و کوچک و مذکر و مؤنث به کنار دریا آمده، پنج روز به سور و سرور می‌پردازند و همگی از لباس تکلیف عریان گشته، هر جماعت با اهل خود به آب درآمده، با یکدیگر آب بازی کرده، بدین طرب و خرمی می‌گذرانند و الحق تماشای غریبی است[۱].

میرنوروزی

از جمله آیین‌های این جشن پنج روزه، که در شمار روزهای سال و ماه و کار نبود، برای شوخی و سرگرمی، حاکم و امیری انتخاب می‌کردند که رفتار و دستورهایش خنده‌آور بود، و در پایان جشن از ترس آزار مردمان فرار می‌کرد. ابوریحان از مردی کوسه یاد می‌کند که با جامه و آرایشی شگفت‌انگیز و خنده‌آور، در نخستین روز بهار مردم را سرگرم می‌کرد و چیزی می‌گرفت[۲]. و هم اوست که حافظ به عنوان «میرنوروزی»، دوران حکومتش را «بیش از پنج روز» نمی‌داند[۳].

مسعودی در این‌باره می‌نویسد:

---

۱. *تاریخ عالم آرای عباسی*، نوشته اسکندربیگ ترکمان، انتشارات امیرکبیر، ۱۳۵۵، جلد دوم، ص ۸۵۳.

۲. *التفهیم*، ص ۲۵۶ و *آثارالباقیه*، ص ۳۴۲.

۳. اشاره به: سخن در پرده می‌گویم چو گل از غنچه بیرون آی / که بیش از پنج روزی نیست حکم میرنوروزی.

... پنج روز آخر آن فروردگان است، که روز اول آن در عراق و ایران کوسه‌ای بر استر خود سوار شود (و این جز در عراق و دیار عجم رسم نیست و اهل شام و جزیره و مصر و یمن آن را ندانند)، و تا چند روز جوز و سیر و گوشت چاق و دیگر غذاهای گرم و نوشیدنی‌های گرمازا و سرمابر به او بخورانند و بنوشانند و چنان وانمود کند که سرما را بیرون می‌کند و آب سرد بر او ریزند و احساس رنج نکند، و به فارسی بانگ زند: «گرما، گرما» و این هنگام عید عجمیان است که در اثنای آن طرب کنند و شاد باشند.[۱]

از برگزاری رسم میرنوروزی، تا ۷۳ سال پیش، آگاهی داریم؛ علامه محمد قزوینی در پژوهشی ارزشمند دربارهٔ میرنوروزی ـ که مانند همهٔ پژوهش‌های آن علامهٔ فقید ادبی و فرهنگی می‌باشد ـ شرحی آورده است، که خود می‌تواند پژوهش مردم‌نگاری باشد و دریغم آمد که به اشاره‌ای بسنده شود.

... یکی از دوستان موثق نگارنده، از اطبای مشهور، که سابق در خراسان مقیم بوده‌اند، در جواب استفسار من از ایشان در این موضوع، مکتوب ذیل را به اینجانب مرقوم داشته‌اند که عیناً درج می‌شود: «در بهار ۱۳۰۲ هجری شمسی برای معالجه بیماری به بجنورد رفته بودم. از اول فروردین تا چهاردهم فروردین در آن‌جا بودم[۲]، در دهم فروردین دیدم جماعت کثیری، سواره و پیاده می‌گذرند، که یکی از آن‌ها با لباس‌های فاخر، بر اسب رشیدی نشسته، چتری بر سر افراشته بود. جُماعتی هم سواره در جلو و

---

۱. **مروج‌الذهب**، تألیف ابوالحسن علی‌بن حسین مسعودی، ترجمهٔ ابوالقاسم پاینده، انتشارات علمی و فرهنگی، ۱۳۷۰، ج اول، ص ۵۵۴.

۲. به مبحث چهاردهم فروردین در این جستار نگاه کنید.

عقب او روان بودند. یکدسته هم پیاده به عنوان شاطر و فراش که بعضی چوبی در دست داشتند، در رکاب او یعنی پیشاپیش و در جنبین و در عقب او روان بودند، چند نفر هم چوب‌های بلند در دست داشتند که بر سر هر چوبی سر حیوانی از قبیل سرِ گاو یا گوسفند بود، یعنی استخوان جمجمه حیوانی، و این رمز از آن بود که امیر از جنگی فاتحانه برگشته و سرهای دشمنان را با خود می‌آورد. دنبال این جماعت، انبوه کثیری از مردم متفرقه، بزرگ و خرد، روان بودند و هیاهوی بسیار داشتند. تحقیق کردم، گفتند که در نوروز یک‌نفر امیر می‌شود، که تا سیزدهِ عید، امیر و حکمفرمای شهر است، به اعیان و اعزه شهر حوالهٔ نقد و جنس می‌دهد، که همه کم یا زیاد تقدیم می‌کنند. به این طریق که مثلاً حکمی می‌نویسد برای فلان متعین: ــکه شما باید صد هزار تومان تسلیم صندوق‌خانه کنید، البته مفهوم این است که صد تومان باید بدهید. البته این صد تومان را کم و زیاد می‌کردند. ولی در هر حال چیزی گفته می‌شد، غالب اعیان به رغبت و رضا چیزی می‌دادند. زیرا، جزو عادات عید نوروز به فال نیک می‌گرفتند. از جمله به ایلخانی هم مبلغی حواله می‌دادند که می‌پرداخت. ــبعد از تمام شدن سیزده عید دورهٔ امارت او به سر می‌آید[1]، و گویا در یک خاندان این شغل ارثی بود[2]».

بی‌گمان، امروز، کسانی را که در روزهای نخست فروردین، با لباس‌های قرمزرنگ و صورت سیاه شده در کوچه و گذر و خیابان

---

۱. بنابراین نوشته، دوران حکومت امیر و پادشاه نوروزی، در این زمان سیزده روز بوده است.

۲. مجلهٔ **یادگار**، سال دوم، شمارهٔ ۳ (سال ۱۳۲۴)، مقالهٔ «میرنوروزی»، به قلم علامه استاد محمد قزوینی، از صفحه ۱۳ تا ۱۶.

می‌بینیم که با دایره زدن و خواندن و رقصیدن مردم را سرگرم می‌کنند و پولی می‌گیرند، بازماندهٔ شوخی‌ها و سرگرمی‌هایِ انتخاب «میرنوروزی» و «حاکم پنج‌روزه» است که تنها در روزهای جشن نوروزی دیده می‌شوند، نه در وقت و جشنی دیگر؛ و آنان خود در شعرهایی که می‌خوانند، می‌گویند: حاجی فیروزِه، عید نوروزِه، سالی چند روزِه،

چهارشنبهٔ آخر سال (چهارشنبه‌سوری)

یکی از آیین‌های نوروزی امروز ـ که بایستی آمیزه‌ای از چند رسم متفاوت باشد ـ «مراسم چهارشنبه‌سوری» است که در برخی از شهرها آن را «چهارشنبهٔ آخر سال» گویند. دربارهٔ چهارشنبه‌سوری، در کتاب‌ها و سندهای تاریخی، مطلبی یا اشاره‌ای نمی‌یابیم و تنها در این قرن اخیر، یا دقیق‌تر، در این نیم‌قرن اخیر است که مقاله‌ها و پژوهش‌های متعددی در این‌باره منتشر شده و یا در نوشته‌های مربوط به نوروز به چهارشنبه‌سوری نیز پرداخته‌اند[۱].

برگزاری چهارشنبه‌سوری، که در همهٔ شهرها و روستاهای ایران سراغ داریم، بدین صورت است که شب آخرین چهارشنبهٔ سال (یعنی نزدیک غروب آفتاب روز سه‌شنبه)، بیرون از خانه، جلو در، در فضایی مناسب، آتشی می‌افروزند، و اهل خانه، زن و مرد و کودک از روی آتش می‌پرند و با گفتن: «زردی من از تو، سرخی تو از من»، بیماری‌ها و ناراحتی‌ها و نگرانی‌های سال کهنه را به آتش می‌سپارند، تا سال نو را با

---

۱. دربارهٔ چهارشنبه‌سوری، صادق هدایت در **نیرنگستان**؛ ابراهیم شکورزاده در کتاب ***عقاید و رسوم عامهٔ مردم خراسان***؛ مصطفی کیوان در کتاب **نوروز در کردستان** و مقاله‌های فراوانی در مجله‌های **مهر**، **هنر و مردم**، نوشته‌اند. فهرست جامعی از مقاله‌های چهارشنبه‌سوری را در کتاب ***نوروز، تاریخچه و مرجع‌شناسی***، تألیف پرویز اذکائی، از انتشارات مرکز مردم‌شناسی ایران، ۱۳۵۳، بیابید.

آسودگی و شادی آغاز کنند. تا زمانی که از ظرف‌های سفالین چون، کاسه و بشقاب و کوزه، در خانه استفاده می‌شد، پس از خانه‌تکانی، کوزهٔ کهنه‌ای از پشت‌بام خانه به کوچه می‌انداختند؛ کوزه‌ای که در آن آب و چند سکه ریخته بودند. اسفند دود کردن و آجیل خوردن، فال گرفتن، «فال گوش»[1] و «قاشق‌زنی»[2] نیز از باورها و رسم‌هایی است که به‌ویژه در بین نوجوانان، هنوز به‌کلی فراموش نشده است؛ و این رسم‌ها و باورها در شهرهای مختلف با یکدیگر متفاوت‌اند.

بی‌گمان چهارشنبه‌سوری از رسم‌های کهن پیش از اسلام نیست. در آن زمان هریک از روزهای ماه را نامی بود، نه روزهای هفته را. استاد پورداود در این‌باره می‌نویسد:

> آتش‌افروزی ایرانیان در پیشانی نوروز از آیین‌های دیرین است (...) شک نیست که افتادن این آتش‌افروزی به شب آخرین چهارشنبهٔ سال، پس از اسلام رسم شده است. چه ایرانیان شنبه و آدینه نداشتند (...) روز چهارشنبه یا یوم‌الاربعاء نزد عرب‌ها روز شوم و نحسی است. جاحظ در ***المحاسن والاضداد*** آورده: والاربعاء یوم ضنک و نحس. این است که ایرانیان آیین آتش‌افروزی پایان سال خود را به شب آخرین چهارشنبه انداختند تا پیش‌آمدهای سال نو از آسیب روز پلیدی چون چهارشنبه برکنار ماند[3].

در باورهای عامیانه، چهارشنبه روزی نامبارک است. سفر نبایستی

---

۱. در کوی و گذر به حرف عابران گوش دادن و از مضمون آن‌ها برای نیّت خود تفأول زدن. معمولاً زنان به «فال گوش» می‌ایستند.

۲. معمولاً زنان روی خود را می‌پوشانند و با قاشق، یا کلید به خانه‌ها در می‌زنند، صاحب‌خانه شیرینی، میوه یا پول در ظرف آن‌ها می‌گذارد. گاهی نیز به آنان آب می‌پاشند.

۳. *آناهیتا*، تألیف استاد ابراهیم پورداود، انتشارات امیرکبیر، ۱۳۴۳، ص ۷۳.

کردن شب چهارشنبه، به‌احوال‌پرسی مریض نبایستی رفت. ومنوچهری گوید:

چهارشنبه که روز بلاست باده بخور

به ساتکین می خور تا به عافیت گذرد

آتش افروختن شب چهارشنبهٔ آخر سال، یا شب چهارشنبهٔ آخر صفر را، برخی به قیام مختار نسبت می‌دهند:

مختار سردار معروف عرب وقتی از زندان خلاصی یافت و به خونخواهی شهیدان کربلا قیام کرد، برای این‌که موافق و مخالف را از هم تمیز دهد و بر کفار بتازد، دستور داد شیعیان بر بام خانه خود آتش روشن کنند و این شب مصادف با شب چهارشنبه آخر سال بود. و از آن به بعد مرسوم شد[1].

در برخی از شهرهای آذربایجان چون ارومیه، اردبیل و زنجان، همهٔ چهارشنبه‌های ماه اسفند هریک نقش و نام معینی دارند، که از جمله در منطقهٔ زنجان بدین شرح است:

نخستین چهارشنبه را **موله** گویند و به شستن و تمیز کردن فرش‌های خانه اختصاص دارد.

دومین چهارشنبه را **سوله** گویند، در این روز به خرید وسیله‌ها و نیازمندی‌های عید می‌روند.

سومین چهارشنبه را **گوله** گویند و به خیس کردن و کاشتن گندم و عدس و... برای سبزه‌های نوروزی اختصاص دارد.

چهارمین و آخرین چهارشنبه سال (چهارشنبه‌سوری) را **کوله** گویند؛ (کوله در ترکی به معنی کهنه و فرسوده است).

در برخی از شهرهای ایران، از جمله ایلام (نوروزآباد)، تویسرکان،

---

۱. ***عقاید و رسوم عامهٔ مردم خراسان***، تألیف ابراهیم شکورزاده، انتشارات بنیاد فرهنگ ایران، ۱۳۴۶، ص ۶۷.

کاشان، زاهدان (قصبه مود) و... «مراسم چهارشنبه‌سوری» را در آخرین چهارشنبهٔ ماه صفر برگزار می‌کنند. و افروختن آتش نیز از رسم‌ها است[۱]. بنابر نوشته **تذکره صفویه کرمان** نیز، چهارشنبه‌صوری (سوری) درماه صفر بوده است[۲].

در اصفهان چهارشنبه‌سوری را «چهارشنبه سرخی» نیز می‌گویند[۳].

یکی از دلیل‌ها و سندهای دیگری که نشان می‌دهد چهارشنبه‌سوری از آیین‌های پیش از اسلام نیست، می‌تواند این باشد که مراسم آن در غروب آفتاب روز سه‌شنبه برگزار می‌شود. در گاهشماری قمری آغاز بیست‌وچهار ساعتِ یک شبانه‌روز از غروب آفتاب روز پیش است[۴]؛ و چهارشنبه‌سوری، مانند بسیاری از آیین‌ها، جشن‌ها و سوگواری‌های مذهبی، (چون عید غدیر، نیمه‌شعبان، رحلت حضرت پیامبر (ص)) که براساس گاهشماری قمری است، در غروب روز پیش برگزار می‌شود. نحس بودن چهارشنبه در باورهای عامیانه باعث شده، که هنوز بعدازظهر سه‌شنبه (یعنی شب چهارشنبه) به احوال‌پرسی بیمار نمی‌روند، و

---

۱. از سال ۱۳۴۴، زنده یاد سید ابوالقاسم انجوی شیرازی، در برنامه‌های رادیویی «مرکز فرهنگ مردم»، از شنوندگان درخواست کرده که برگزاری جشن‌ها، آیین‌ها و رسم‌های شهر خود را برای این مرکز بفرستند. پاسخ‌ها و نامه‌ها گنجینه‌ای است ارزشمند و شامل ۹۶ پروندهٔ موضوعی، از جمله نحوهٔ برگزاری چهارشنبه‌سوری در شهرهای مختلف ایران است. مأخذ چهارشنبه‌سوری آخر ماه صفر این گفتار، سندهای آن گنجینه است.

۲. «...و ملازم وزیر در یوم‌الاربعاء (چهارشنبه) ۲۹ شهر صفر، که چهارشنبه‌صوری (سوری) بود، وارد اصفهان...» و یادآور می‌شود؛ در همان صفحه، نوروز آن سال (۱۱۰۲ هـ.ق) را در ۲۰ شهر جمادی‌الثانی نوشته است (**تذکره صفویه کرمان**، تألیف میرمحمد سعید مشیری)، با مقدمه و تحشیه دکتر باستانی پاریزی، نشرعلم، ۱۳۶۹، ص ۵۹۹).

۳. برنامه‌های رادیویی، «مرکز فرهنگ مردم».

۴. بایستی از آن‌جا باشد که آغاز ماه‌های قمری از دیدن هلال ماه (رؤیت هلال) است و نه حساب و رصد.

پنج‌شنبه را عامه «شب جمعه» می‌گویند[1]. در صورتی که آیین‌های کهن مثل نوروز، مهرگان، سده و... که براساس گاهشماری خورشیدی است، آغاز بیست‌وچهار ساعت روز، از سپیده دم و یا از نیم شب است.

آن‌چه که «چهارشنبه‌سوری» را به جشن‌ها و آیین‌های کهن ایران پیوند می‌زند، می‌تواند برگزاری رسم و جشنی به نام «سور»، در روزهای پنجه (خمسه مسترقه) باشد که از آن تا سدهٔ چهارم، دوره سامانیان، آگاهی در دست است: صاحب ***تاریخ بخارا*** از برگزاری رسمی که «عادت قدیم» و با افروختن آتش «در شب سوری» (پیش از نوروز) همراه بوده خبر می‌دهد:

> ... آنگاه امیر سدید (منصوربن‌نوح) به سرای به‌نشست، هنوز سال تمام نشده بود که چون شب سوری، چنان‌که عادت قدیم است، آتشی عظیم افروختند، پاره‌ای آتش بجست و سقف سرای درگرفت و دیگرباره جمله سرای بسوخت و...[2]

امروز، با رسمیت یافتن تقویم مصوب ۱۳۰۴، دیگر از جشن‌های پنجه (که در خوارزم، آغاز سال، و در پارس پایان سال بود) کمتر نشانی می‌توان یافت. چهارشنبه‌سوری پایان ماه صفر نیز ــ تا آن‌جا که آگاهی در دست است ــ فراموش شده، و تنها با برگزاری مراسم چهارشنبهٔ آخر سال یا چهارشنبه‌سوری، که دربردارندهٔ رسم‌هایی از فرهنگ عامه است، مردم به پیشواز نوروز می‌روند.

این یادآوری لازم است که با وجود تکنولوژی‌های جدید خانه‌سازی،

---

۱. گاه گفتن اصطلاح مثلاً «شب یکشنبه»، برای کسی که ساعتش «ظهر کوک» است، مشخص نمی‌شود، که منظور پس از غروب روز شنبه است، یا پس از غروب روز یکشنبه، و برای این‌که اشتباه نشود، اگر منظور غروب روز یکشنبه باشد، بیشتر اصطلاح «یکشنبه شب» را به‌کار می‌برند.

۲. ***تاریخ بخارا***، تألیف ابوبکر محمدبن جعفر نرشخی، تصحیح و تحشیه مدرس رضوی، انتشارات بنیاد فرهنگ ایران، سال ۱۳۵۱، ص ۳۷.

ایجاد مجموعه‌های مسکونی، آپارتمان‌نشینی، در دسترس نبودن «بوته وهیمه» (به علت استفاده از گاز و برق به عنوان وسیلهٔ حرارتی)، در اختیار نداشتن کوزه و پشت‌بام و فضای مناسب جلوی در خانه، و دگرگونی‌های دیگر فرهنگی، «مراسم چهارشنبه‌سوری» هنوز چهرهٔ نمادین خود را ـ با دشواری، به‌ویژه در شهرها و محله‌های سنتی ـ نگه داشته است.

روزهای مردگان و «پنجشنبه آخر سال»

یکی از آیین‌های کهن پیش از نوروز یاد کردن از مردگان است که به این مناسبت به گورستان می‌روند و خوراک می‌برند و به دیگران می‌دهند. زردشتیان معتقدند که: «روان و فروهر مردگان، هیچ‌گاه کسی را که بوی تعلق داشت فراموش نمی‌کند و هر سال هنگام جشن فروردین به خانه و کاشانه خود برمی‌گردند.»[1]

در روزهای پنجه، از جملهٔ رسم‌ها، تهیه کردن غذا، آیینی مذهبی بوده، ابوریحان می‌نویسد:

> ...و گبرکان در این پنج روز خورش و شراب نهند، روان‌های مردگان را و همی گویند، که جان مرده بیاید و آن غذا گیرد[2].
>
> غذا پختن و بر مزار مردگان بردن در قرن چهارم، رسم بوده است؛ از خوارزم تا فارس: خوارزمیان پنج روز آخر اسفند و پنج روز دیگری که در پی آن است و ملحق به این ماه مانند اهالی فارس، در روزهای فروردگان برای ارواح مردگان در گورستان غذا می‌گذارند[3].

یکی از صورت‌های برجا ماندهٔ این رسم، در شهر و روستا، به گورستان رفتن «پنج‌شنبهٔ آخر سال» است، به‌ویژه خانواده‌هایی که در

---

۱. *یشت‌ها*، جلد اول. ۲. *التفهیم*، ص ۲۵۶. ۳. *آثارالباقیه*، ص ۳۶۸.

طول سال عضوی را از دست داده‌اند. رفتن به زیارتگاه‌ها و «زیارت اهل قبور»، در پنج‌شنبه ــ و نیز، روز پیش از نوروز و بامداد نخستین روز سال ــ رسمی عام است. در این روز، خانواده‌ها خوراک (پلو خورش)، نان، حلوا و خرما بر مزار نزدیکان می‌گذارند و بر مزار تازه گذشتگان شمع، یا چراغ روشن می‌کنند.

در برخی از شهرهای ایران، روز پیش از نوروز، خانواده‌های عزادار، از خویشان و نزدیکان با غذا و حلوا پذیرایی می‌کنند و در سر مزار جمع می‌شوند[1]. و نیز رسم است که ایرانیان شیعه، در موقع سال تحویل، به زیارت قبر امامان و امامزادگان می‌روند.

خانه‌تکانی

اصطلاح «خانه‌تکانی» را بیشتر در مورد شستن، تمیز کردن، نو خریدن، تعمیر کردن ابزارها، فرش‌ها، لباس‌ها، به مناسبت فرا رسیدن نوروز، به‌کار می‌برند. در این خانه‌تکانی، که سه تا چهار هفته طول می‌کشد، بایستی تمامی ابزارها و وسیله‌هایی که در خانه است، جابه‌جا، تمیز، تعمیر و معاینه شده و دوباره به جای خود قرار گیرد. برخی از ابزارهای سنگین‌وزن، یا فرش‌ها، تابلوها، پرده‌ها و وسیله‌های دیگر، فقط سالی یک‌بار، آن‌هم در خانه‌تکانی نوروزی، جابه‌جا و تمیز می‌شود. در برخی از شهرهای آذربایجان نخستین چهارشنبهٔ ماه اسفند (چهارشنبه موله) به شستن و تمیز کردن فرش‌های خانه اختصاص دارد[2].

خانه‌تکانی امسال، در خانه‌تکانی شهر نیز سرایت کرد:

مسئول خدمات شهری شهرداری تهران در مصاحبه‌ای گفت: از آن‌جا که ایرانی‌ها براساس یک سنت حسنه همه‌ساله در واپسین

---

۱. نگارنده در منطقهٔ جیرفت شاهد این رسم بوده است.

۲. چهارشنبه‌سوری را در این جستار بخوانید.

روزهای سال اقدام به نظافت و پاکیزگی منازل خود می‌کنند، شهرداری تهران نیز برای دستیابی به شهری پاکیزه و تمیز همگام و همراه با مردم، نسبت به لکه‌گیری گذرگاه‌ها و جمع‌آوری نخاله‌ها وضایعات شهری در مناطق بیست‌گانه شهرداری تهران اقدام می‌کند[1].

کاشتن سبزه

اسفند ماه، ماه پایانی زمستان، هنگام کاشتن دانه و غله است. کاشتن «سبزه عید» به صورت نمادین و شگون، از روزگاران کهن، در همهٔ خانه‌ها و در بین همهٔ خانواده‌ها مرسوم است.

در ایران کهن، «بیست‌وپنج روز پیش از نوروز، در میدان شهر، دوازده ستون از خشت خام برپا می‌شد، برستونی گندم، برستونی جو و به ترتیب، برنج، باقلا، کاجیله[2]، ارزن، ذرت، لوبیا، نخود، کنجد، عدس و ماش می‌کاشتند؛ و در ششمین روز فروردین، با سرود و ترنم و شادی، این سبزه‌ها را می‌کندند و برای فرخندگی به هر سو می‌پراکندند.»[3] و ابوریحان نقل می‌کند که: «این رسم در ایرانیان پایدار ماند که روز نوروز در کنار خانه هفت صنف از غلات در هفت اسطوانه بکارند و از روییدن این غلات، به خوبی و بدی زراعت و حاصل سالیانه حدس بزنند»[4].

امروز، در همهٔ خانه‌ها رسم است که ده روز یا دو هفته پیش از نوروز، در ظرف‌های کوچک و بزرگ؛ کاسه، بشقاب، پشت کوزه و... دانه‌هایی چون گندم، عدس، ماش، و... می‌کارند. موقع «سال تحویل» و روی سفرهٔ «هفت‌سین» بایستی سبزه بگذارند. در برخی از شهرهای آذربایجان، سومین چهارشنبه به خیس کردن و کاشتن گندم و عدس برای سبزه‌های

---

۱. روزنامه ***اطلاعات***، سه‌شنبه ۷ اسفند ۱۳۷۵، ص ۲.

۲. کاجیله یا کاجیره، گیاهی است از تیرهٔ مرکبان، که ساقهٔ آن ۵۰ سانتی‌متر است.

۳. به نقل از ***محاسن‌والاضداد***. ۴. ***آثارالباقیه***، ص ۳۳۰.

نوروزی اختصاص دارد[۱]. این سبزه‌ها را خانواده‌ها تا روز سیزده نگه داشته، و در این روز زمانی که برای «سیزده بدر» از خانه بیرون می‌روند، در آب روان می‌اندازند[۲].

سفرهٔ هفت‌سین

رسم و باوری کهن است که همهٔ اعضای خانواده در موقع سال تحویل (لحظهٔ ورود خورشید به برج حمل) در خانه و کاشانهٔ خود در کنار سفرهٔ هفت‌سین گرد آیند.

در سفرهٔ سفیدرنگ هفت‌سین، از جمله، هفت رویدنیِ خوراکی است که با حرف «س» آغاز می‌شود، و نماد و شگونی بر فراوانی رویدنی‌ها و فراورده‌های کشاورزی است ــ چون سیب، سبزه، سنجد، سماق، سیر[۳]، سرکه، سمنو و مانند این‌ها ــ می‌گذارند. افزون بر آن؛ آینه، شمع، ظرفی شیر، ظرفی آب که نارنج در آن است، تخم‌مرغ رنگ کرده، تخم مرغی روی آینه[۴]، ماهی (ماهی قرمز)[۵]، نان، سبزی، گلاب، گل سنبل، سکه و کتاب دینی (مسلمانان قرآن و زردشتیان اوستا و...) نیز زینت‌بخش سفرهٔ هفت‌سین است. این سفره در بیشتر خانه‌ها تا روز سیزده گسترده است.

---

۱. *آثارالباقیه*، ص ۳۳۰.

۲. چندین سال است که در تهران رسم شده، خانواده‌هایی که با اتومبیل به سیزده‌بدر می‌روند، سبزهٔ سفرهٔ هفت‌سین را روی سقف یا جلو اتومبیل می‌گذارند. و این خود جزیی از مراسم سیزده‌بدر شده است.

۳. برخی از خانواده‌های زردشتی در سفرهٔ هفت‌سین سیر نمی‌گذارند، که بد بو و «انگره مینو» (مربوط به روان بد) است.

۴. بازماندهٔ این باور که، در موقع سال تحویل، تخم‌مرغی که روی آینه است، می‌چرخد.

۵. قدحی آب که ماهی در آن می‌چرخد، نماد شادکامی در موقع سال تحویل است. این‌که رنگ ماهی قرمز باشد رسمی جدید است.

در برخی نوشته‌ها از سفرهٔ هفت‌شین (هفت روییدنی که با حرف شین آغاز می‌شود) سخن رفته و آن را رسمی کهن‌تر دانسته‌اند[۱].

در ریشه‌یابی واژهٔ هفت‌سین نظرهای دیگری چون هفت‌چین (هفت روییدنی از کشتزار چیده شده) و هفت‌سینی از فراورده‌های کشاورزی نیز بیان شده است.

پراکندگی نظرها ممکن است به این سبب باشد که در کتاب‌های تاریخی و ادبی کهن اشاره‌ای به هفت‌سین نشده و از دورهٔ قاجاریه است که دربارهٔ باورها و رفتارها و رسم‌های عامیانهٔ مردم تحقیق و بحث و اظهار نظر آغاز شده است. نمی‌دانیم که آیا پیش از قاآنی هم شاعری هفت‌سین را در شعر خود آورده است؟

سین ساغر بس بود ما را در این نوروز روز
گو نباشد هفت‌سین رندان دُردآشام را

میرزاده عشقی نیز در «نوروزی‌نامه» در اسلامبول در مسمطی برای آگاهی مردم آن دیار سروده:

همه ایرانیان نوروز را از یادبود کی
بپا سازند از مازندران تا شوش و ملک ری
بساط هفت‌سین چینند و بنشینند دور وی

لباس نو

پوشیدن لباس نو، در آیین‌های نوروزی، رسمی همگانی است. تهیه لباس، برای سال تحویل، فقیر و غنی را به خود مشغول می‌دارد. در

---

۱. می‌گویند، پیش از این، هفت‌شین بوده، و با آمدن اسلام هفت‌سین شده، تا به جای «شراب» بتوان «سرکه» بر سفره گذاشت. این سخن بایستی بی‌پایه باشد چون نه سندی در دست است و نه در بین زردشتیان این رسم هست، و از این گذشته واژهٔ «شراب» خود عربی است و بایستی با اسلام وارد زبان فارسی شده باشد.

جامعهٔ سنتی توجه به تهیدستان و زیردستان برای تهیه لباس نوروزی ـبه‌ویژه برای کودکان ـ رسمی در حد الزام بود. خلعت[1] دادن پادشاهان و امیران در جشن نوروز، برای نو پوشاندن کارگزاران و زیردستان بود. ابوریحان می‌نویسد: «رسم ملوک خراسان این است که در این موسم به سپاهیان خود لباس بهاری و تابستانی می‌دهند.»[2] مورخان و شاعران از خلعت بخشیدن‌های نوروزی فراوان یاد کرده‌اند. و برای این باور است که در وقف‌نامهٔ حاجی شفیع ابریشمی زنجانی آمده است:

> هر سال شب‌های عید نوروز پنجاه دست لباس دخترانه و پنجاه دست لباس پسرانه، همراه کفش و جوراب از عواید موقوفه تهیه و به اطفال یتیم تحویل شود.[3]

سفرنامه‌نویسان دورهٔ صفویه و قاجاریه، در شرح و وصف جشن‌های نوروزی، از لباس‌های فاخر مردم فراوان یاد کرده‌اند[4].

خرید لباس نو و برخی وسیله‌های فرسوده‌ای که به مناسبت نوروز نیاز به «نو» ساختن دارد، رقم عمدهٔ هزینه‌های فصلی ـ و گاه سالانه ـ خانواده‌ها را تشکیل می‌دهد[5].

بسیاری از خانواده‌ها که در سوک یکی از نزدیکان لباس سیاه پوشیده‌اند، به مناسبت نوروز، به‌ویژه هنگام سال تحویل، لباسی دیگر می‌پوشند. کسانی که به هر علت لباس نو ندارند، می‌کوشند هرقدر هم

---

۱. لباس دوخته‌ای که به زیردستان می‌بخشیدند. ۲. ***آثارالباقیه***، ص ۲۹.

۳. ***مقدمه‌ای بر فرهنگ وقف***، تألیف ابوسعید احمدبن سلمان، انتشارات سازمان اوقاف، ۱۳۵۸، ص ۴۲.

۴. ***سفرنامه آ. کمپفر***، ص ۲۴۱ و ***سفرنامه دروویل***، فصل بیستم.

۵. یکی از زمینه‌های پژوهشی ارزندهٔ اجتماعی و فرهنگی و اقتصادی جامعه، مطالعه و بررسی موردی هزینه‌های خانواده‌هاست. ـ پژوهشی که در جامعه و فرهنگ ما آسان نیست.

اندک ــ جوراب، پیراهن ــ در هنگام سال تحویل، نو بپوشند.

در گذشته که فروشگاه‌ها و بازارهای فروش لباس دوخته نبود و مردم دوختن لباس خود را به خیاط‌ها سفارش می‌دادند، نوبت‌های دوخت و کار شبانه‌روزی خیاطان یکی از دشواری‌های خانواده‌ها بود[۱].

اگر در روزهای پیش از نوروز، در خانواده‌ها، محله‌ها، مدرسه‌ها و سازمان‌های نیکوکاری رسم است که برای کودکان نیازمند لباس تهیه کنند، این کار نیک پیش از آن‌که برای کمک و همراهی باشد، برای لباس نو پوشاندن به کودکان در جشن نوروز است.

این باور کهن را در نوشته‌ها، توصیه‌ها و توصیف‌های نوروزی، همواره می‌بینیم که: از طبیعت پیروی کنیم، از درختان یاد بگیریم و با آمدن بهار، لباس نو بپوشیم، که شگون شادمانی و آرامش است.

خوراک‌های نوروزی

درکتاب‌ها و سندهای تاریخی و ادبی کهن، به‌ندرت، از خوراکی‌هایی که ویژهٔ جشن نوروز (یا جشن‌های دیگر) باشد سخن رفته است. نویسندگان و مورخان بحث از «خوردنی»ها را، شاید، پیش پا افتاده، نازیبا و یا بدیهی می‌دانستند. درکتاب‌های قرن چهارم به بعد، شرح و وصف‌های دقیق، به شعر و نثر، دربارهٔ نوروز و مهرگان و جشن‌ها و آیین‌های دیگر کم نیست، ولی از نوع و ویژگی خوراک‌های جشن‌ها، نه در دستگاه پادشاهان و امیران و نه در خانه‌های عامهٔ مردم، سخنی نرفته است.

در مقاله‌ها و پژوهش‌هایی که در این هفتادوپنج ساله اخیر دربارهٔ

---

۱. با تکنولوژی صنعتی امروز، مراجعهٔ مستقیم مردم به خیاط، کفاش، کلاه‌دوز و... از بین رفته است، و بدقولی خیاطان، شاید به علت فراوانی و هجوم مشتریان، در روزهای پیش از نوروز بود.

نوروز نوشته شده، افزون بر خوردنی‌های سفرهٔ هفت‌سین، گاه از غذاهای ویژهٔ شب پیش از نوروز، و شب اول سال، در خانواده‌های سنتی شهرها و منطقه‌های مختلف یاد شده است. خوراکی‌هایی که با ویژگی‌های اقلیمی و نوع فراورده‌های هر منطقه هماهنگی داشت، و در عین حال بهترین و کمیاب‌ترین غذای منطقه بود[۱]؛ و همهٔ قشرهای اجتماعی ــ فقیران نیز ــ می‌کوشند که در این روزها، برای فراهم آوردن غذای بهتر، گشاده‌دستی کنند و به گفتهٔ ابوریحان: «این عیدها، یکی از اسبابی است که تنگی روزی فقیران را به زندگی فراخ مبدل می‌سازد.[۲]»

امروز، در تهران و برخی شهرهای مرکزی ایران، سبزی‌پلو ماهی خوردن در شب نوروز و رشته‌پلو در روز نوروز رسم است، و شاید بتوان گفت که غذای خاص نوروز در این منطقه است. «پلو» در شهرهای مرکزی و شهرهای کویری ایران (می‌توان گفت غیر از گیلان و مازندران در همهٔ شهرهای ایران) تا چندی پیش غذای جشن‌ها، غذای مهمانی و نشانه رفاه و ثروتمندی بود. و این «بهترین» غذا، خوراک خاص همهٔ مردم ــ فقیر و غنی ــ در شب نوروز بود.[۳] اگر نیک‌مردی در صدوپنج سال پیش در استرک کاشان، ملکی را وقف می‌کند که از درآمد آن «همه ساله برنج ابتیاع نموده از آخر خمسه مسترقه به تمام اهالی استرک، وضیع و شریف، ذکور و اناث، صغیر و کبیر، بالسویه برسانند»، بی‌گمان به این نیت بوده، که در شب نوروز سفرهٔ هیچ‌کس بی «پلو» نباشد.

---

۱. در مقاله‌ها و گزارش‌های نوروزی شهرهای ایران به کتاب ***نوروز، تاریخچه و مرجع‌شناسی*** مراجعه شود، در آن به غذاهای نوروزی محلی نیز اشاره شده است.

۲. ***آثارالباقیه***، ص ۳۲۴.

۳. در ولایت من، کوهبنان کرمان، می‌گفتند: روزی کودکی فقیر از مادرش پرسید: فرق ما با «اعیان»ها چیست؟ مادرش گفت آن‌ها یک شب درمیان، پلو می‌خورند. کودک گفت ما اعیان‌تریم. چون هر نوروز پلو می‌خوریم و یا تصنیف‌هایی چون: عید آمد و ما پلو نداریم...

با پیدایش و گسترش رسانه‌های گروهی صنعتی امروز چون روزنامه‌ها، رادیو و تلویزیون، و وجود برنامه‌های گونه‌گون در معرفی جشن‌ها و آیین‌های کهن، نوعی یکنواختی در فراهم آوردن وسیله‌ها و برگزاری مراسم، در همهٔ شهرها و استان‌ها به‌وجود آمده است. بی‌گمان تبلیغات مؤسسه‌های تولیدکنندهٔ کالاها نیز عاملی مؤثر در این یکنواختی‌هاست.

دیدوبازدید نوروزی یا «عید دیدنی»

از جملهٔ آیین‌های نوروزی، دیدوبازدید، یا «عید دیدنی» است. رسم است که روز نوروز، نخست به دیدن بزرگان فامیل، طایفه و شخصیت‌های علمی و اجتماعی و منزلتی می‌روند. در بسیاری از این عیددیدنی‌ها، همهٔ کسان خانواده شرکت دارند. کتاب‌های تاریخی و ادبی، تنها از عید دیدنی‌های رسمی دربارها و امیران و رئیسان خبر می‌دهند. رسمی که هنوز هم خبرگزاری‌ها و رسانه‌ها، به آن بسنده می‌کنند[1].

«دیدن»های نوروزی که ناگزیر «بازدید»ها را به دنبال دارد، و همراه با دست‌بوسی و روبوسی است، در روزهای نخست فروردین، که تعطیل رسمی است، و گاه تا سیزده فروردین (و می‌گویند تا آخر فروردین) بینِ خویشاوندان و دوستان و آشنایان دور و نزدیک، ادامه دارد. رفت و آمد گروهی خانواده‌ها، در کوی و محله ــ به‌ویژه در شهرهای کوچک ــ هنوز از میان نرفته است. این دیدوبازدیدها، تا پاسی از شب گذشته، به‌ویژه برای کسانی که نمی‌توانند کار روزانه را تعطیل کنند، ادامه دارد.

---

۱. اصطلاح «دیدوبازدید عید» را دستِ‌کم، از دورهٔ صفویه، در ادبیات فارسی سراغ داریم. کلیم کاشانی گوید: به روی ساغر می ماه عید را دیدم / همین بس است در این عید دید وبادیدم.

تا زمانی که «مسافرت‌های نوروزی»[۱] رسم نشده بود، در شهرها و محله‌هایی که آشنایی‌های شغلی و همسایگی و «روابط چهره به چهره» جایی داشت، دیدوبازدیدهای نوروزی، وظیفه‌ای بیش و کم الزامی به‌شمار می‌رفت. و چه بسا آشنایانی بودند ــ و هستند ــ که فقط سالی یک‌بار، آن هم در دیدوبازدیدهای نوروزی، به خانهٔ یکدیگر می‌روند. به یاد دارم که در کرمان، در بین زردشتیان، هنگامی که کسی از دوست و آشنایش گله می‌کرد که چرا به دیدنش نمی‌آید، از جمله می‌گفت: «اگر با هم قهر هم بودیم، دستِ‌کم سالی یک‌بار به خانهٔ هم می‌آمدیم[۲]» و چه بسیار کدورت‌ها و رنجش‌های خانوادگی و خویشاوندی که به یُمن دیدوبازدیدهای نوروزی برطرف شده و می‌شود[۳].

گسترش شهرها، ازدیاد جمعیت، پراکندگی خانواده‌های سنتی، محدودیت‌های شغلی و نیز فرهنگ آپارتمان‌نشینی، از عامل‌هایی است که دیدوبازدیدهای نوروزی را کاهش داد. و بر اثر این دشواری‌ها و محدودیت‌های زمانی، بسیاری از خانواده‌هایی هم که به مسافرت نمی‌روند، برای دیدوبازدیدهای نوروزی، از پیش زمانی را معین می‌کنند.

کتاب *تذکره صفویه کرمان* که گزارشی از رویدادهای سال‌های ۱۰۶۳ تا

---

۱. تحول‌های اجتماعی، اداری، پیشرفت‌های تکنولوژی و وسیله‌های آمدورفت سریع، باعث شده که بیشتر کارمندان دولت که نزدیک به یک هفته (و فرهنگیان دوهفته) تعطیل دارند از فرصت استفاده کرده به سفر بروند، و مسافرت‌های نوروزی سال به سال رو به ازدیاد است (امروز ــ ۲۶ اسفند ۱۳۷۴ رادیو اعلام کرد که به نخستین مسافر نوروزی که به شیراز و بندرعباس وارد شود، یک سکه بهار آزادی از طرف شهردار جایزه می‌دهد).

۲. نگارنده خود شاهد بوده که کسانی از زردشتیان که با هم نقار و کدورت داشتند، به خانهٔ یکدیگر رفته و با گفتگوهایی رسمی و اندک، وظیفهٔ دیدوبازدید نوروزی را انجام دادند.

۳. کمتر کسی است که نمونه‌هایی از این‌گونه «آشتی‌کنان» را سراغ نداشته باشد.

۱۱۰۴ است، «شرح وقایع» هر سال را، با این‌که محاسبهٔ ماه و سال بر اساس تقویم قمری است، از برگزاری جشن‌ها، رسم‌ها و آیین‌های نوروزی، در دستگاه حکومتی آغاز می‌کند، از جمله:

حاکم و وزیر و آصف حمیده سیر، در نوروز آن سال (۱۰۸۰ ه.ق) که مصادف با ۱۵ شوال بود، در باغ نظر به عیش و خرمی گذرانده، علما و صلحا و شعرا را به صلات گرانمایه خرسند گردانید (...) و دستار خوان‌ها گسترده، اقسام طعام نزد خاص و عام کشید. روز دیگر به دیدن اعزه ولایت رفته، دو سه روز هم چنین دیدن مردم می‌نمودند، و بعد از آن هر روزه به ازاء ضیافت نوروزی، هنگامه تیراندازی گرم بود[1].

تماشای «جنگ گاو و قوچ» نیز در این دوره از آیین‌های نوروزی بود:

روز نوروز سال ۱۱۰۱ که در ۷ جمادی‌الثانی واقع بود، طرف عصر وزیر به اتفاق (...) در صحرای مؤیدی (در قسمت شمال شهر فعلی کرمان) جنگ گاو و قوچ طرح انداخته، بعد از آن اسب‌دوانی کرده، از حضور دوستان جنانی خرمی، و به مقتضای وقت کامرانی می‌نمودند[2].

نوروزِ اول

در دیدوبازدیدهای نوروزی، رسم است که نخست به خانهٔ کسانی بروند که «نوروزِ اولِ» درگذشت عضوی از آن خانواده است. خانواده‌های

---

۱. **تذکره صفویه کرمان**، تألیف میرمحمد سعید مشیزی. با مقدمه و تحشیهٔ دکتر محمد ابراهیم باستانی پاریزی، نشر علم، ۱۳۶۹، ص ۳۶۷.

۲. **همان**، ص ۵۷۴، و در صفحه‌های ۲۴۱، ۲۴۹، ۲۷۹ و ۴۰۰ کتاب به برگزاری نوروز اشاره دارد.

سوگوار افزون بر سومین، هفتمین و چهلمین روز، که بیشتر در مسجد برگزار می‌شود، نخستین نوروز که ممکن است بیش از یازده ماه از مرگ متوفا بگذرد، در خانه می‌نشینند. و در این روز است که خانواده‌های خویشاوند لباس سیاه را از تن سوگواران درمی‌آورند[۱]. جلسه‌های «نوروز اول» که جنبهٔ نمادین دارد، در عین حال از فضای دیدوبازدیدهای نوروزی برخوردار است. و دیدارکنندگان، در نوروز اول، به خانوادهٔ سوگوار «تسلیت» نمی‌گویند، بلکه برای آنان «آرزوی شادمانی» می‌کنند، تا در آغاز سال نو فال بد نزنند. رسم نوروزِ اول بیشتر در شهرهایی برگزار می‌شود که آخرین روز اسفند را به‌عنوان یادبود درگذشتگان سال سوگواری نکنند.

هدیهٔ نوروزی؛ «عیدی»

«هدیه» و «عیدی» دادن به مناسبت نوروز رسمی کهن است، کتاب‌های تاریخی از پیشکش‌ها و بخشش‌های نوروزی ــ پیش از اسلام و بعد از اسلام ــ خبر می‌دهند، از رعیت به پادشاهان و حکمرانان، از پادشاهان و حکمرانان به وزیران، دبیران، کارگزاران و شاعران؛ از بزرگتران خاندان به کوچکتران، به‌ویژه به کودکان.

رسم هدیه دادن نوروزی را، ابوریحان بیرونی از گفته آذرباد، موبد بغداد چنین آورده:

> نیشکر در ایران، روز نوروز یافت شد، پیش از آن کسی آن را نمی‌شناخت. جمشید روزی نی‌ای دید که از آن کمی به بیرون تراوش کرده، چون دید شیرین است، امر کرد، این نی را بیرون

---

۱. خانواده‌های مسلمان، در عیدهای مذهبی چون عید غدیر خم، عید فطر و عید قربان، به‌ویژه اگر آن عید نزدیک به زمان فوت باشد، در خانهٔ متوفا می‌نشینند و آشنایان به دیدن آن‌ها می‌روند که « عید اول» است.

آورند و از آن شکر ساختند. و مردم از راه تبرک به یکدیگر شکر هدیه کردند، و در مهرگان نیز تکرار کردند، و هدیه دادن رسم شد.[1]

پیشکشی رعیت (تاجر، صنعتگر، کشاورز) و حاکمان ولایت، به پادشاهان و خلفا، در واقع بخشی از باج و خراج و مالیات سالانه بود که ــگفته یا نگفته ــ به آن متعهد بودند. و «خزانهٔ» کشور از آن آبادان بود. ابوریحان بیرونی می‌نویسد:

پادشاهان ساسانی آن‌چه را که پنج روز عید (به ترتیب؛ اعیان، دهقانان، سپاهیان، خاصان و خادمان) هدیه آورده بودند، روز ششم امر به احضار می‌کرد و هرچه قابل خزانه بود نگه می‌داشت، و آن‌چه می‌خواست به اهل اُنس و اشخاص که سزاوار خلوتند می‌بخشید[2].

کمپفر، سیاح دورهٔ صفوی، از هدیه‌های حاکمان و ثروتمندان محلی، که برای شاه سلیمان می‌آوردند، به‌عنوان «سومین رقم بودجه دربار[3]» یاد می‌کند. تاورنیه هدیهٔ یکی از حاکمان را به پادشاه «ده هزار اشرفی» ذکر کرده[4]، و شاردن هدیه‌های به پادشاه را حدود ۲ میلیون فرانک تخمین می‌زند[5]. دروویل می‌نویسد:

این هدیه‌های نوروزی علاوه بر طلا، جواهر و سکه‌های زر، عبارت از اسب‌های اصیل، جنگ‌افزار، پارچه‌های گران‌بها و

---

۱. ***آثارالباقیه***، ص ۳۲۸.   ۲. ***همان***، ص ۳۳۲.

۳. ***در دربار شاهنشاه ایران***، انگلبرت کمپفر، ص ۲۴۱.

۴. ***سفرنامه ژان باتیست تاورنیه***، ترجمهٔ نظم‌الدوله (ابوتراب نوری)، اصفهان کتاب‌فروشی تأیید، ۱۳۳۶، کتاب پنجم، فصل دوم.

۵. ***سیاحت‌نامه ژان شاردن***، ترجمهٔ محمد عباسی تهران، امیرکبیر، جلد دوم، ص ۳۶۰.

شال‌های کشمیر و پوست‌های ممتاز وقند و قهوه و چای و مربا است[۱].

در کتاب‌های تاریخی و ادبی، بیش از همه از هدیهٔ پادشاهان به شاعران سخن رفته، هدیه‌ای که، بنابر رسم، برای سرودن قصیده‌ها و مدیحه‌های نوروزی داده می‌شد. هدیه به شاعران در جشن نوروز که انگیزه و وسیله‌ای برای سرودن شعر و مدیحه بود[۲]، در واقع نوعی حقوق ماهانه و سالانهٔ شاعر به‌شمار می‌رفت. از جمله بیهقی می‌نویسد:

روز پنج‌شنبه هجدهم ماه جمادی‌الاخریٰ، امیر (سلطان مسعود) به جشن نوروز به‌نشست، و هدیه‌ها بسیار آورده بودند، و تکلیف بسیار رفت و شعر شنود از شاعران که شادکام بود، در این روزگار زمستان و فارغ‌دل، و فترتی نیفتاد و خلعت فرمود، و مطربان را نیز فرمود، و مسعودی شاعر را شفاعت کردند، سیصد دینار فرمود[۳].

این بخشش‌ها گاه به اندازه‌ای بود که می‌توانست شاعری را توانگر سازد:

گویند روز نوروزی، جهت خالدبن برمک وزیر، کاسه‌ها از زر و نقره هدیه آورده بودند. یکی از شاعران عرب در این‌باره شعری سرود و به این موضوع اشاره کرد. خالد هرچه در آن مجلس اوانی

---

۱. ***سفرنامه دروویل***، فصل بیستم. در این فصل شرح مفصلی دربارهٔ هدیه‌های پادشاه و هدیه به پادشاه آمده است.

۲. هرچند دربارهٔ مدیحه‌سرایی شاعران سخن بسیار رفته، ولی درخور توجه است که بیشترین قصیده‌ها به مناسبت جشن‌ها است. برای نمونه از مجموعهٔ ۵۷ قصیدهٔ استاد منوچهری دامغانی، ۲۰ قصیده در وصف نوروز سروده شده و هر یازده مسمط منوچهری به مناسبت عیدهاست که ۵ مسمط در وصف نوروز است.

۳. ***تاریخ بیهقی***، تألیف ابوالفضل محمد بیهقی، نشر دانشگاه فردوسی، ۱۳۵۶، ص ۸۱۵.

زر و نقره بود به آن شاعر بخشید. چون اعتبار کردند، مالی عظیم بود و شاعر از آن توانگر شد[۱].

رسم و ضابطهٔ پیشکش‌های سنگین‌بها به پادشاهان و حاکمان تا دورهٔ مشروطیت رایج بود. برقراری مالیات‌ها و الزام به پرداخت‌های منظم و حساب شده، پیشکش‌های باج و خراج‌گونه را به مقدار زیادی از اعتبار انداخت. ولی دادن عیدی و هدیه به‌ویژه از طرف مقام بالاتر (منزلتی، اقتصادی و سنی) از رسم‌ها و آیین‌های دیرین فرهنگ ماست.

امروز رسم عیدی دادن در بین همه قشرها و خانواده‌ها و سازمان‌ها ـ دولتی و خصوصی ـ پابرجاست، و در سازمان‌های دولتی رسمیت یافته است[۲].

عیدی دادن به جوانان و کودکان در خانواده، به کسان کم درآمد و خدمتگزاران در محیط کار، به رفتگر، به نامه‌رسان و... در عین حال نوعی جبران زحمت و انتظار خدمت است. عیدی‌های امروز بیشتر به صورت نقد و اسکناس نو است. بانک‌ها پیش‌بینی تهیهٔ «اسکناس نو» کرده، و در اختیار مشتریان می‌گذارند. در جامعهٔ کشاورزی، روستایی و عشایری، در گذشته‌ای نه چندان دور، پیشکش‌های نوروزی فراوردهٔ محلی بود و بخشش‌ها، کالا و فراورده غیرمحلی[۳].

---

۱. ***تجارب السلف***، هندوشاه نخجوانی به تصحیح عباس اقبال، انتشارات طهوری، ۱۳۴۴، ص ۱۰۲.

۲. در بسیاری از سازمان‌های دولتی، معادل یک ماه حقوق به کارمندان عیدی داده می‌شود. در نوروز امسال ۱۳۷۵ بنا بر تصویب‌نامه به همهٔ کارمندان دولت، در همهٔ ایران، به‌طور مساوی مبلغ ۲۲ هزار تومان عیدی داده شد.

۳. به‌یاد دارم، در پنجاه سال پیش برای پدرم که خرده مالکی در روستابود (در کوهبنان ←

هدیه دادن‌ها، که به مناسبت‌هایی، چون عید، موفقیت، مسافرت، تولد، ازدواج، مرگ[1] و... است، به‌ویژه در خانواده‌های سنتی، دارای اهمیت و مفهومی درخور توجه است (که خود پژوهش و گفتاری جداگانه می‌طلبد). هرچند که چند سالی است واژهٔ فرانسوی «کادو»[2] برای هدیه‌هایی چون ره‌آورد (سوغات)، چشم‌روشنی، مبارک باد، جا خالی‌پاو... به‌کارمی‌رود، ولی اهمیت، کیفیت و کمیت هریک متمایز است.

البته این باور وجود دارد که گرفتن عیدی از دست کسان مورد احترام (از نظر سنی، منزلتی، خویشاوندی، علمی، نسبی و...) تبرک، دارای شگون و «دست لاف»[3] است.

کارت تبریک عید

تبریک گفتن عید و جشن نوروز، در نامه‌هایی که از شهری به شهر دیگر فرستاده می‌شد، رسمی کهن است. در برخی از منشآت و کتاب‌های ترسل و نامه‌نگاری نمونه‌هایی آمده است، ولی، با رواج چاپ، فرستادن «کارت تبریک عید»، که با مضمون‌ها و رنگ‌های گونه‌گون تهیه و در دسترس قرار گرفته، وارد فرهنگ ما شده است[4].

← کرمان)، برزگرهای آشنا، روز نوروز کاسه‌ای تخم‌مرغ، کاسه‌ای ماست یا یک خروس می‌آوردند. اینان کسانی بودند که بنا بر رسم محل یکی دو روز پیش از نوروز مقداری برنج و قند و چای عیدی گرفته بودند.

۱. در برخی شهرها، به‌ویژه جامعهٔ عشیره‌ای رسم است که برای خانواده متوفا غذا، گوسفند، برنج و... می‌برند.

2. Cadeau

۳. در بین کاسب‌ها، به معنی نخستین فروش و دریافت نخستین پول از هنگام باز کردن دکان است، به آن «دشت کردن» نیز می‌گویند.

۴. در موزهٔ هنرهای تزیینی، کارت پستال چاپی به خط حسن زرین قلم هست که روی ←

با کم شدن دیدوبازدیدها ـ به علت‌هایی که در پیش یاد شد ـ فرستادن کارت تبریک رونق بیشتری یافته است.

سیزده‌بدر

در کتاب‌های تاریخی و ادبی سده‌های گذشته، که رسم‌ها، آیین جشن‌های نوروزی کهن را، یاد و یادداشت کرده‌اند؛ چون **تجارب‌الامم، آثارالباقیه، التفهیم، تاریخ بیهقی، مروج‌الذهب، زین‌الاخبار** و نیز در شعر شاعران به‌ویژه شاعران دورهٔ غزنوی ـ که بیشترین توصیف جشن‌ها را دربر دارد ـ اشاره‌ای به «سیزده بدر» نمی‌یابیم.

پرسش اینجاست که اگر در کتاب‌های تاریخی و ادبی گذشته اشاره‌ای به سیزده بدر و هفت‌سین نمی‌یابیم، آیا این رسم‌ها را باید پدیده‌ای جدید دانست و یا اینکه، رسمی کهن است، و به‌علت عام و عامیانه بودن درخور توجه نبوده و با معیارهای مورخان زمان ارزش و اعتبار ثبت و ضبط نداشته است؟

نگارنده حالت دوم را باور دارد. زیرا رسم و آیینی که بدین‌گونه در همهٔ شهرها و روستاهای ایران همگانی است و در بین همهٔ قشرهای اجتماعی عمومیت دارد، نمی‌تواند عمری در حد دو نسل و سه نسل داشته باشد. دیگر این‌که می‌دانیم، کتاب‌های تاریخی و شعرهای شاعران، رویدادها و جشن‌های رسمی را که در حضور شاهان و خاصان دستگاه حکومتی بود، بیان و توصیف می‌کرد، ولی سیزده بدر، رسمی خانوادگی و عام، و به بیانی دیگر پیش‌پا افتاده و همه‌پسند (و نه شاه‌پسند) بود.

ـ آن جمله: «عید سعید نوروز سلطانی به دوست مهربان مبارک» همراه با شعر «تا هست ز مهرومه نشانه / خوش باش همیشه در زمانه» نوشته شده؛ تاریخ این کارت ۱۳۲۴ قمری (۱۲۸۴ خورشیدی) است.

از طرفی دیگر، نوشتن رویدادهای روزی که ـ چنان‌که خواهد آمد ـ رفتارها و گفتارهای خنده‌دار و غیرجدی، برای خود جایی باز کرده، تا «نحسی سیزده» آسان‌تر «در» برود، توجه مورخ و شاعر را به خود جلب نمی‌کرد. و شاید «نحس» بودن هم عاملی برای بیان نکردن بود.

نحس و ناخوشایند بودن عدد ۱۳ و دوری جستن از آن، در بسیاری از کشورها و نزد بسی از ملت‌ها، باوری کهن است؛ مسیحیان هیچ‌گاه سیزده نفر بر سر یک سفره غذا نمی‌خورند[1]. در باور تازیان سیزدهمین روز هر ماه ناخوشایند است[2]. ابوریحان بیرونی در جدول «روزهای مختار و مسعود و مکروه» در ایران کهن، روز سیزدهم ماه تیر را (که تیر نام دارد) منحوس ذکر کرده است[3]. سال‌های زیادی فروردین ماه اول تابستان بود[4].

یکی از نویسندگان در خاطره‌های هفتاد ساله‌اش از باور مردم شهر خود، قزوین، دربارهٔ سیزده‌بدر می‌نویسد:

> روز سیزده‌بدر جایز نبود برای دیدوبازدید، به یک خانه رفت، هم صاحب‌خانه به فال بد می‌گرفت و می‌گفت نحوست را به خانه من آوردند و هم رونده، نمی‌خواست مبتلا به نحوست آن خانه شود. روز سیزده باید به صحرا رفت. زیرا آن‌چه بلا در این سال بیاید، امروز مقدر و تقسیم می‌شود. پس خوب است ما در شهر و خانه

---

۱. از آن‌جا که در آخرین غذای حضرت عیسی ۱۳ نفر سر سفره بودند، و یکی از آنان خیانت کرد و به دشمن خبر داد و منجر به مصلوب شدن حضرت عیسی شد، امروز مسیحیان ۱۳ نفر بر سر سفره نمی‌نشینند. نگارنده شاهد بود که در یک خانوادهٔ کاتولیک فرانسوی به علت نیامدن یکی از مهمانان، جمع ۱۳ نفری را در دو اطاق غذا دادند.

۲. بسیاری از هواپیماها (از جمله هما) ردیف ۱۳ ندارد. در شماره‌گذاری خانه‌ها از شماره ۱۳ پرهیز می‌کنند.

۳. *آثارالباقیه*، ص ۳۵۸ و ۳۵۹.

۴. **همان**، ص ۳۲۳.

خود نباشیم، شاید در تقسیم بلا، فراموش شده و از قلم بیفتیم[1].

شباهتی که بین سیزده‌بدر و برخی از رسم‌های کاتارها[2] (بازماندگان مانویان در اروپا، که ترکیبی از اندیشه‌های زردشتی، فلسفهٔ باستان و مسیحیت دارند) این پرسش را به ذهن می‌رساند که آیا هر دو ریشهٔ مشترک باستانی ندارند؟

کاتارها در روز عید «پاک»[3] (که برخی از سال‌ها به روز سیزده فروردین نزدیک است) از خانه بیرون آمده و روز را در دامن صحرا و کنار کشتزار می‌گذرانند، و برای ناهار با خود تخم‌مرغ می‌برند. در این روز پنهان کردن تخم‌مرغ در گوشه و کنار و پیدا کردن آن‌ها سرگرمی کودکان است[4].

---

۱. ***کیوان‌نامه*** (مجموعهٔ سه کتاب ***حج‌نامه***، ***کیوان‌نامه*** و ***عرفان‌نامه***) تألیف علامه عباسعلی کیوان، به کوشش رشید یاسمی، مطبعه بوسفور، بهمن ۱۳۰۸، ص ۲۰۷ و ۲۰۸.

۲. کاتارها (Cathare) یا مانویان ساکن آلبی‌ژوا (Albigeois)، که در سال ۱۲۰۹ میلادی به دستور پاپ اینوسان قتل‌عام و سوزانده شدند؛ هنوز جمعی از پیروان این مذهب، مانی‌که‌ایسم (manicheisme)، در جنوب فرانسه، منطقهٔ تولوز زندگی می‌کنند.

۳. عید پاک (Paques)، در نزد مسیحیان، سالروز رستاخیز و زنده شدن حضرت عیسی است. تا قرن چهارم با عید پاک یهودیان (عید فصح) همزمان بود. در سال ۳۲۵ میلادی، در شورای کلیسایی، آن را جدا کردند. از آن زمان عید پاک، با محاسبهٔ ماه‌های خورشیدی و قمری معین می‌شود. یعنی نخستین یک‌شنبه، بعد از ماه کامل (چهاردهم ماه، بدر) پس از رسیدن خورشید به برج حمل (اول فروردین، ۲۱ مارس است)، که می‌تواند از ۳ فروردین تا آخر فروردین باشد. امسال (۱۳۷۵) عید پاک یک هفته بعد از سیزده نوروز بود و سال آینده (۱۳۷۶) چند روز پیش از سیزده فروردین.

۴. نگارنده در عید پاک سال ۱۹۷۸ (۱۴ فروردین ۱۳۵۷) در منطقه کاتارنشین آلبی‌ژوا، شاهد آمدن خانواده‌ها به دامنهٔ صحرای کوهستانی نزدیک قلعه منتسگور (Montsegur، عبادتگاه مخروبه مانوی‌ها که در سر کوه قرار دارد) و توقف و تفریح آنان بودم.

سه شباهت، یا سه ویژگی مشترک این دو عبارت‌اند از:
الف) آغاز محاسبهٔ هر دو از آغاز بهار و اعتدال ربیعی است؛
ب) در روز سیزده و عید پاک کاتارها به صحرا و دامان طبیعت می‌روند؛
ج) بازی و سرگرمی کودکان با تخم‌مرغ[1] فقط در روزهای عید بهاری رسم است، نه فصل‌های دیگر سال.

شباهت دیگر دروغ‌های شوخی‌آمیز روز اول آوریل[2] با شوخی‌های سیزده‌بدر است؛ روز اول آوریل، هر چهار سال یکبار مصادف با روز سیزده فروردین است (و سه سال با ۱۲ فروردین).

پیشینه و انگیزهٔ برگزاری سیزده‌بدر، هرچه باشد[3]؛ در همهٔ شهرها و روستاها و عشیره‌های ایران سیزدهمین روز فروردین، رسمی است که بایستی از خانه بیرون آمد و به باغ و کشتزار رو آورد و به اصطلاح نحسی روز سیزده را بدر کرد. خانواده‌ها در این روز به‌صورت گروهی ــ و گاه چند خانواده با هم ــ غذای ظهر را آماده کرده و نیز آجیل‌ها و خوردنی‌های سفرهٔ هفت‌سین را با خود برداشته، به دامان صحرا و طبیعت می‌روند و سبزهٔ هفت‌سین را، با خود برداشته و به آب روان می‌اندازند. به دامن صحرا رفتن، شوخی کردن، بازی کردن، دویدن، تاب خوردن و در هر حال جدی نبودن، از سرگرمی‌ها و ویژگی‌های روز سیزده است. گره زدن سبزه، به نیت باز شدن گره دشواری‌ها و برآورده شدن

---

۱. بازی با تخم‌مرغ در اروپا چنین است که کودکان تخم‌مرغ را در باغچه پنهان می‌کنند، کسی که پیدا کند آن را برمی‌دارد.

۲. روز اول آوریل ۱۹۷۶ رادیو فرانسه در اخبار ساعت ۷ صبح اعلام کرد که امروز می‌خواهند برج ایفل را خراب کنند، جمعی به آنجا رفتند و با آگهی «دروغ اول آوریل» روبه‌رو شدند.

۳. در پژوهش‌های مردم‌نگاری «چگونه» برگزار شدن‌ها، موضوع مطالعه است و نه «چرا» برگزار شدن‌ها.

آرزوها، از جمله بیرون کردن نحسی است. این باور، معروف است که «سبزه گره زدن» دختران «دم بخت»، شگونی برای ازدواج و همسریابی[۱] می‌باشد. در *فرهنگ اساطیر*، برای رسم‌های سیزده‌بدر، معنی‌های تمثیلی آورده:

> شادی و خنده در این روز به معنی فروریختن اندیشه‌های تیره و پلیدی، روبوسی نماد آشتی و به منزله تزکیه، خوردن غذا در دشت، نشانه فدیه گوسفند بریان، به آب افکندن سبزه‌های تازه رسته، نشانه دادن هدیه به ایزد آب یا «ناهید» و گره زدن سبزه برای باز شدن بخت و تمثیلی برای پیوند زن و مرد برای تسلسل نسل‌ها، رسم مسابقه‌ها، به‌ویژه اسب‌دوانی، یادآور کشمکش ایزد باران و دیو خشکسالی است[۲].

این باور همگانی چنان است که اگر خانواده‌ای نتواند به علتی تمام روز را به باغ و صحرا برود، به‌ویژه با دگرگونی‌های جامعهٔ شهری امروز ــ که در پی خواهد آمد ــ در بعدازظهر، هرقدر هم مختصر، «برای گره زدن سبزه و بیرون کردن نحسی سیزده» به باغ یا گردشگاه عمومی می‌رود.

با دگرگونی‌های صنعتی، شغلی، بزرگ شدن شهرها، فراوانی وسیله‌های آمدورفت سریع‌السیر، وسیله‌های ارتباط جمعی و... به ناگزیر شهرداری‌های شهرهای بزرگ، دشواری‌های آمدورفت را پیش‌بینی می‌کنند. در شهری چون تهران به‌ناچار جاده‌های اصلی را از صبح تا ظهر به بیرون شهر و از بعدازظهر تا نیمه‌شب برای برگشتن به شهر، یک‌طرفه

---

۱. در فولکلور عامیانه، دختران در هنگام گره زدن سبزه این شعرها را می‌خوانند: سیزده‌بدر، سال دگر، خانه شوهر، بچه بغل. (فولکلوری که می‌تواند از دیدگاهی دیگر نیز مورد مطالعه قرار گیرد.)

۲. فرهنگ اساطیر، تألیف دکتر محمد جعفر یاحقی، نشر مؤسسه مطالعات و تحقیقات فرهنگی و انتشارات سروش، ۱۳۶۹.

اعلام می‌کنند. فراوانی اتومبیل و دیگر وسیله‌های آمدورفت موتوری و نیز وسعت خانه‌سازی‌ها و شهرسازی‌ها، باعث شده که خانواده‌ها، سال به سال راه دورتری را برای «سیزده بدر» پشت سر بگذارند، تا سبزه و کشتزاری بیابند.

چهاردهم فروردین: درواقع آغاز کار و فعالیت‌های «سال نو» از چهاردهم فروردین است. دبستان‌ها، دبیرستان‌ها و دانشگاه‌ها از این روز آغاز می‌شود. مسافرت رفتن پیش از سیزده را باور عامیانه نحس می‌داند. کوچ بسیاری از عشایر از چهاردهم فروردین است. تقسیم آب کشاورزی، در برخی از روستاها و بسیاری از فعالیت‌های دیگر، از چهاردهم فروردین شکل می‌گیرد.

باورهای عامیانه

رفتارها و گفتارهای هنگام سال تحویل و روز نوروز، به باور عامیانه، می‌تواند اثری خوب یا بد برای تمام روزهای سال داشته باشد. برخی از این باورها را در کتاب‌های تاریخی نیز می‌یابیم، و بسیاری دیگر باورهای شفاهی است، و در شمار فولکلور جامعه است که در خانواده‌ها به ارث رسیده است:

ـ کسی که در هنگام سال تحویل و روز نوروز لباس نو بپوشد، تمام سال از کارش خرسند خواهد بود.

ـ موقع سال تحویل از اندوه و غم فرار کنید، تا تمام سال غم و اندوه از شما دور باشد.

ـ روز نوروز دوا نخورید، بدیمن است.

ـ هرکس در بامداد نوروز، پیش از آن که سخن گوید، شکر بچشد و با روغن زیتون تن خود را چرب کند، در همهٔ سال از بلاها سالم خواهد ماند.[1]

---

۱. *آثارالباقیه*، ص ۳۳۱.

ـ هرکس بامداد نوروز، پیش از آن‌که سخن گوید، سه مرتبه عسل بچشد و سه پاره موم دود کند از هر دردی شفا یابد.[۱]

ـ کسانی که مرده‌اند، سالی یکبار، هنگام نوروز، «فروهر» آن‌ها به خانه برمی‌گردد. پس باید خانه را تمیز، چراغ را روشن و (با سوزاندن کندر و عود) بوی خوش کرد.[۲]

ـ کسی که روز نوروز گریه کند، تا پایان سال اندوه او را رها نمی‌کند.

ـ روز نوروز باید یک‌نفر «خوش‌قدم» اول وارد خانه شود. زنان «خوش‌قدم» نیستند.

ـ اگر قصد سفر دارید پیش از سیزده سفر نکنید. روز چهاردهم سفر کردن خیر است.

ـ روز سیزده کار کردن نحس است.

منابع:

۱. *گاهشماری در ایران قدیم*، تألیف حسن تقی‌زاده (مجموعه مقالات جلد دهم)، زیر نظر ایرج افشار، چاپ دوم، انتشارات شکوفان، ۱۳۵۷.

۲. *التفهیم*، ابوریحان بیرونی، تصحیح جلال‌الدین همایی، نشر انجمن آثار ملی، ۱۳۵۷.

۳. *شاهنامه*، فردوسی، جلد اول، داستان جمشید.

۴. *تاریخ طبری*، تألیف محمدبن جریر طبری، ترجمهٔ ابوالقاسم پاینده، انتشارات اساطیر، سال ۱۳۵۲.

۵. *آثارالباقیه*، تألیف ابوریحان بیرونی، ترجمهٔ اکبر داناسرشت، انتشارات امیرکبیر، ۱۳۶۳.

۶. *زین‌الاخبار*، تألیف عبدالحی‌بن ضحاک‌بن محمود گردیزی به تصحیح عبدالحی

---

۱. *همان*، ص ۳۲۷. ۲. باور زردشتیان

حبیبی، نشر دنیای کتاب، چاپ دوم، ۱۳۶۳.
۷. **نوروزنامه**، منسوب به عمربن ابراهیم خیام نیشابوری، به کوشش علی حصوری، نشر طهوری، ۱۳۵۷.
۸. **یادداشت‌ها**، تألیف صدرالدین عینی، به کوشش علی‌اکبر سعیدی سیرجانی انتشارات آگاه ۱۳۶۲.
۹. **در دربار شاهنشاه ایران**، ا. کمپفر، ترجمهٔ کیکاوس جهانداری، انتشارات انجمن آثار ملی، ۱۳۵۰.
۱۰. **سفرنامه دروویل**، ترجمهٔ جواد محبی، انتشارات گوتمبرک، ۱۳۴۸.
۱۱. **تاریخ عالم‌آرای عباسی**، نوشته اسکندربیگ ترکمان، انتشارات امیرکبیر، ۱۳۵۵.
۱۲. **مروج‌الذهب**، تألیف ابوالحسن علی‌بن حسین مسعودی، ترجمهٔ ابوالقاسم پاینده، انتشارات علمی فرهنگی، ۱۳۷۰، جلد اول.
۱۳. مقالهٔ «**میر نوروزی**» به قلم علامه استاد محمد قزوینی، مجله **یادگار**، سال دوم، شماره ۳، سال ۱۳۲۴.
۱۴. **نیرنگستان**، تألیف صادق هدایت، انتشارات امیرکبیر، ۱۳۴۳.
۱۵. **عقاید و رسوم عامهٔ مردم خراسان**، تألیف ابراهیم شکورزاده، انتشارات بنیاد فرهنگ ایران ۱۳۴۶.
۱۶. **نوروز در کردستان**، مصطفی کیوان، سازمان چاپ تبریز، تهران، ۱۳۴۹.
۱۷. **نوروز، تاریخچه و مرجع‌شناسی**، تألیف پرویز اذکائی، انتشارات مرکز مردم‌شناسی ایران، ۱۳۵۳.
۱۸. آناهیتا، استاد ابراهیم پورداود، انتشارات امیرکبیر، ۱۳۴۳.
۱۹. «**سندهای مرکز فرهنگ مردم**»، (پرونده‌های موضوعی به کوشش سیدابوالقاسم انجوی شیرازی).
۲۰. **تاریخ بخارا**، تألیف ابوبکر محمدبن جعفر نرشخی، تصحیح و تحشیه استاد مدرس رضوی، انتشارات بنیاد فرهنگ ایران، ۱۳۵۱.
۲۱. **تذکره صفویه کرمان**، تألیف میرمحمد سعید مشیزی با مقدمه و تحشیه دکتر باستانی پاریزی، نشر علم، ۱۳۶۹.
۲۲. **کتاب‌النقض**، تألیف عبدالجلیل قزوینی رازی، تصحیح محدث ارموی، انجمن آثار ملی، ۱۳۵۸.
۲۳. **مقدمه‌ای بر فرهنگ وقف**، تألیف ابوسعید احمدبن سلمان، انتشارات سازمان اوقاف، ۱۳۵۸.

۲۴. ***سفرنامه ژان باتیست تاورنیه***، ترجمهٔ نظم‌الدوله (ابوتراب نوری)، اصفهان، کتاب‌فروشی تأیید، ۱۳۳۶.
۲۵. ***سیاحت‌نامه ژان شاردن***، ترجمهٔ محمد عباسی، انتشارات امیرکبیر، جلد دوم.
۲۶. ***تاریخ بیهقی***، ابوالفضل محمدبن حسین بیهقی، تصحیح دکتر علی‌اکبر فیاض، نشر دانشگاه فردوسی، ۱۳۵۶.
۲۷. ***تجارب‌السلف***، هندوشاه نخجوانی، تصحیح عباس اقبال، انتشارات طهوری، ۱۳۴۴.
۲۸. ***فرهنگ اساطیر***، تألیف دکتر محمد جعفر یاحقی، نشر مؤسسه مطالعات و تحقیقات فرهنگی و انتشارات سروش، ۱۳۶۹.
۲۹. ***کیوان‌نامه*** (مجموعهٔ سه کتاب ***حج‌نامه***، ***کیوان‌نامه*** و ***عرفان‌نامه***)، تألیف علامه عباسعلی کیوان، به کوشش رشید یاسمی، مطبعه بوسفور، بهمن ۱۳۰۸.

جشن مهرگان

جشن مهرگان را نه در شمار جشن‌های دوازده‌گانهٔ بیش و کم فراموش شده‌ای چون فروردینگان و اردیبهشتگان و... باید دانست و نه چون نوروز که در همهٔ ایران همگانی است، و نه چون سده که در یک شهر برگزار شود، بلکه مهرگان جشنی است که تنها نزد دانشی‌مردان و نویسندگان و شاعران همچنان برجاست. از این رو در کنار جشن‌های کهنِ امروزین می‌آید.

در روزشمار کهن ایران، هر یک از سی روز ماه را نامی است که نام دوازده ماه سال نیز در میان آن‌ها است. پیشینیان در هر ماه که نام روز و نام ماه یکی بود، آن را جشن می‌گرفتند. از این جشن‌های دوازده‌گانه، تا آن جا که سندها و کتاب‌های تاریخی گواه است، در دوره‌های پس از اسلام، تنها جشن مهرگان است که رسمی و شکوهمند برگزار می‌گردید.

افزون بر یکی بودن نام ـ روز مهر از ماه مهر ـ مناسبت‌های دیگری را نیز برای برگزاری این جشن برمی‌شمرند که معروف‌ترین آن قیام کاوه آهنگر و پیروزی بر ضحاک و به پادشاهی نشستن فریدون است. دقیقی و فردوسی و اسدی توسی از آن چنین یاد کرده‌اند؛

دقیقی گوید:

مهرگان آمد جشن ملک افریدونا آن کجا گاو به‌پروردش برمایونا[۱]

و فردوسی در داستان به بند کردن ضحاک آورده است:

فریدون چو شد بر جهان کامکار
ندانست جز خویشتن شهریار
به روز خجسته سر مهر ماه
به سر برنهاد آن کیانی کلاه

....

....

کنون یادگار است از او ماه مهر
بکوش و برنج، ایچ منمای چهر[۲]

و اسدی توسی در انتساب این جشن به فریدون گوید:

فریدون فرخ به گرز نبرد ز ضحاک تازی برآورد گرد
چو در برج شاهین شد از خوشه مهر نشست او به شاهی سرِ ماه مهر
بر آرایش مهرگان جشن ساخت به شاهی سر از چرخ مه برفراخت[۳]

ابوریحان بیرونی در *التفهیم* می‌نویسد:

مهرگان، شانزدهم روز است از مهرماه و نامش مهر، اندرین روز، افریدون ظفر یافت بر بیورسب جادو، انک معروف است به ضحاک، و به کوه دماوند باز داشت؛ و روزها که سپس مهرگان است همه جشنند، برکردار آنچ از پس نوروز بود...[۴]

---

۱. برمایون نام گاوی است که فریدون با شیرش پرورش یافت.

۲. ***شاهنامه***، جلد اول.

۳. ***گرشاسب‌نامه*** اسدی به اهتمام حبیب یغمائی، کتابخانهٔ طهوری، ۱۳۵۴، ص ۳۶۶.

۴. ***التفهیم‌الاوائل صناعت التنجیم***، تألیف ابوریحان بیرونی، تصحیح استاد جلال‌الدین همائی، تألیف انجمن آثار ملی، سال ۱۳۵۷، ص ۲۵۴.

و نیز در *آثارالباقیه* آورده است که:

سلمان فارسی می‌گوید، ما در عهد زردشتی بودن می‌گفتیم، خداوند برای زینت بندگان خود یاقوت را در نوروز و زبرجد را در مهرگان بیرون آورد. و فضل این دو روز بر روزهای دیگر مانند فضل یاقوت و زبرجد است بر جواهرهای دیگر[۱] (...) و بیورسب هزار سال زندگی کرد. این‌که ایرانیان به یکدیگر، دعا می‌کنند که: «هزار سال بزی» از آن روز رسم شده است، چون دیدند که ضحاک توانست هزار سال عمر کند و این کار در حد امکان است، هزار سال زندگی را دعا و آرزو کردند[۲].

مورخان، نویسندگان و شاعران، از برگزاری جشن مهرگان نیز ـ مانند جشن‌های کهن دیگر ـ در دستگاه پادشاهان و حاکمان خبر می‌دهند. از جمله در برگزاری این جشن در پیش از اسلام آمده که:

این عید مانند دیگر اعیاد برای عموم مردم است. از آیین ساسانیان در این روز این بود که تاجی را که به صورت آفتاب بود به سر می‌گذاشتند و در این روز برای ایرانیان بازاری برپا می‌شد[۳]. و در ملوک خراسان رسم است که در روز مهرگان به سپاهیان و ارتش رخت پاییزی و زمستانی می‌دهند[۴].

از برگزاری جشن مهرگان، در دورهٔ غزنویان، آگاهی بیشتری در دست است، در شعر فردوسی، عنصری، فرخی و منوچهری وصف این جشن

---

۱. *آثارالباقیه*، تألیف ابوریحان بیرونی، ترجمهٔ اکبر داناسرشت، انتشارات امیرکبیر، سال ۱۳۶۳، ص ۳۳۸. ۲. *آثارالباقیه*، ص ۳۴۰. ۳. *آثارالباقیه*، ص ۳۳۷.

۴. *آثارالباقیه*، ص ۳۳۹.

آمده؛ ابوالفضل بیهقی از برگزاری جشن مهرگان در زمان سلطان مسعود غزنوی، در سال‌های ۴۲۸ و ۴۲۹ و ۴۳۰ ه‍.ق که خود شاهد بوده، خبر می‌دهد. وی می‌نویسد:

روز یکشنبه چهارم ذی‌الحجه سال ۴۲۸ (ه‍.ق) به جشن مهرگان نشست و از آفاق مملکت هدیه‌ها که ساخته بودند پیشکش را، در آن وقت بیاوردند و اولیاء و حشم نیز بسیار چیز آوردند. و شعرا شعر خواندند وصلت یافتند. (...) پس از شعر به سر نشاط و شراب رفت و روزی خرم بپایان آمد.[1]

در سال ۴۲۹، ابوالفضل بیهقی، شیوهٔ برگزاری جشن مهرگان را در روز عرفه بیان می‌کند:

... و روز چهارشنبه نهم ذی‌الحجه به جشن مهرگان به‌نشست و هدیه‌های بسیار آوردند. و روز عرفه بود. امیر روزه داشت و کس را زهره نبود که پنهان و آشکارا نشاط کردی و دیگر روز عید اضحی کردند.[2]

وی همچنان از مهرگان سال ۴۳۰ و شرح برگزاری آن سخن می‌گوید.[3]

مهر ماه و فروردین ماه که به ترتیب آغاز اعتدال پاییزی و اعتدال بهاری و در آن روز و شب برابرند، زمانی هر دو را، به عنوان آغاز سال جشن می‌گرفتند:

... و برخی مهرگان را بر نوروز برتری داده‌اند. چنانکه پاییز را بر بهار برتری داده‌اند. و تکیه‌گاه ایشان این است که اسکندر از

---

۱. تاریخ بیهقی، تألیف، ابوالفضل بیهقی، تصحیح دکتر غنی و دکتر فیاض، تهران، ۱۳۲۴، ص ۶۹۷.   ۲. همان، ص ۷۵۳.   ۳. همان، ص ۷۹۰.

> ارسطو پرسید که کدام یک از این دو فصل بهتر است؟ ارسطو گفت: پادشاها! در بهار حشرات و هوام آغاز می‌کند که نشو یابند و در پاییز آغاز ذهاب آن‌هاست پس پاییز از بهار بهتر است[1].

درخور توجه است که ابوریحان بیرونی، نقل کنندهٔ این مطلب، خود هر دو را جشن می‌گرفته است. شهرزوری دربارهٔ وی می‌نویسد:

> ... دست و چشم و فکر او (ابوریحان) هیچ‌گاه از عمل باز نماند. مگر به روز نوروز و مهرگان و یا برای تهیه احتیاجات معاش.[2]

از دوران کهن، همراه با جشن‌ها و آیین‌ها، واژگان فارسی نوروز و مهرگان به صورت معرب نیروز و **مهرجان** وارد زبان و قلمرو فرهنگی کشورهای مسلمان عرب‌زبان گردید. امروز در بسیاری از این کشورها ـ آسیایی و آفریقایی ـ واژهٔ مهرجان به معنی و مفهوم جشن و فستیوال به‌کار می‌رود.

در زمان حاضر

امروز، جشن مهرگان، به شیوه‌ای که در کتاب‌های تاریخی سده‌های چهارم و پنجم و ششم آمده، نه در دستگاه دولتی و حکومتی برگزار می‌شود و نه در گردهمایی‌های غیررسمی، نزد عامهٔ مردم. دست‌کم، در دو سدهٔ اخیر نیز از برگزاری آن آگاهی در دست نیست.

جشن و آیین مهرگان، از نظر زمانی نیز، با تغییر تقویم، در سال ۱۳۰۴ هجری شمسی، تغییر کرد. بدین معنی که ۵ روز «پنجه = خمسه» (که پس از ۱۲ ماه سی‌روزه برای رسیدن به ۳۶۵ می‌آمد) حذف و ۶ ماه اول سال ۳۱ روز گردید. از آن پس، در بسی از تقویم‌ها، مهرگان، به‌جای ۱۶ مهر در ۱۰ مهر آمده، یعنی در صدونودوششمین روز سال براساس تقویم پیشین.

در ماهنامه‌ها و هفته‌نامه‌های ادبی و اجتماعی سدهٔ اخیر، مهرگان

---

۱. *آثارالباقیه*، ص ۳۳۹. ۲. نقل از *لغت‌نامه* دهخدا.

حضور دارد. بدین‌معنی که مقاله، پژوهش، شعر[1] به مناسبت مهر و مهرگان ــ به‌ویژه در نشریه‌هایی که در ماه مهر منتشر می‌شود ــ کم نیست[2].

دکتر بهرام فره‌وشی از برگزاری مهرگان به عنوان جشنی خانوادگی، در بین زردشتیان یزد و کرمان و نیز «از آیین قربانی کردن[3] گوسفند، در برخی از روستاهای زردشتی‌نشین یزد، برای ایزد مهر» خبر می‌دهد[4].

تا سی سال پیش، زردشتیان کرمان، در این روز، به‌یاد مردگان، مرغی را کشته و شکمش را با حبوبات و آلو انباشته و به عنوان خوراک ویژه، یادمان مُردگان[5] می‌پختند[6].

جشن آغاز سال تحصیلی دانشگاه تهران، که در نیمهٔ اول مهر ماه

---

۱. ... گرم هر کار، مست هر پندار / همره هر پیام، هر سوگند / در دل هر نگاه، هر آواز / بسراییم: مهرگان خوش باد. (کتاب **شبگیر**، سرودهٔ ه.ا. سایه، انتشارات توس، ۱۳۶۰، ص ۱۸).

۲. در مجموعهٔ ***فهرست مقاله‌های مردم‌شناسی***، از انتشارات مؤسسهٔ مطالعات و تحقیقات اجتماعی دانشگاه تهران، سال ۱۳۵۶، نام و مشخصات ۲۰ مقاله در مجله‌های ماهانه یا هفتگی داده شد، که درباره و به مناسبت جشن مهرگان نوشته شده است.

۳. قربانی کردن در دین زردشتی منع شده: «رسم غیرمذهبی و غیرانسانی قربانی کردن گوسفند، قدغن شده و گفته‌اند که روان آشو زردشت از آن‌ها بیزار است، ولی عده‌ای حاضر نیستند از این کار دست بکشند.» (***آیین برگزاری جشن‌های ایران باستان***، نگارش موبد اردشیر آذرگشسب، مهر ماه ۱۳۵۶، ص ۲۱ و ۲۲.)

۴. ***جهان‌فروری***، تألیف دکتر بهرام فره‌وشی، انتشارات کاویان، سال ۱۳۶۴، ص ۹۴ و ۹۵.

۵. آقای اردشیر فرهمند (دبیر) اظهار می‌دارد که تا مادرم زنده بود، این خوراک ویژهٔ یادمان مردگان را می‌پخت.

۶. ابوریحان بیرونی از گفته‌های موبدی نقل می‌کند که: «در روز مهرگان آفتاب میان نور و ظلمت طلوع می‌کند و ارواح را در اجساد می‌میراند و بدین‌جهت ایرانیان این روز را میرگان گفته‌اند.» ***آثارالباقیه***، ص ۳۳۸.

است، در برخی از سال‌ها در دهم یا شانزدهم مهر (مهرگان) برگزار می‌شد.

زمان برگزاری آیین قالی‌شویان در مشهد اردهال را جلال آل احمد، با مهرگان هم‌پیوند می‌داند[۱].

صدرالدین عینی در ***یادداشت‌ها***، از جشنی در تاجیکستان و سمرقند یاد می‌کند که هر سال در ماه میزان (مهر ماه) برگزار می‌شد. جشنی که می‌تواند، با همهٔ دگرگونی‌ها، بازماندهٔ جشن مهرگان باشد. از زبان او بشنویم، که فارسی تاجیکی است:

> ... حکایت این سیر (جشن) به کسانی که وی را ندیده‌اند، مانند حکایه‌های «هزارویک شب» دلکش و عجیب می‌نمود. حکایه‌هایی درباره طرفبازی (آتش‌بازی)، موشک‌بازی، خرتازی، تگل‌جنگ‌اندازی (به جنگ انداختن قوچ‌های جنگی) آن‌جا می‌کردند. درریان (منطقه) غجدوان کم کس یافت می‌شد، که هیچ نباشد، سالی یک‌بار رفته، آن سیر را تماشا نکند. دهقان بچگان کم بغل (تنگدست) هم، که پدرشان برای سیر خرجی داده نمی‌توانستند، کوشش می‌کردند، که کاری کرده، دو سه تنگه (واحد پول) پول یابند تا که به آن سیر رفته، تماشا کرده توانند. کسانی نیز پخته (پنبه) و خوره‌چینی می‌کردند، به خربزه‌کشانی و دهقانانِ بای (ارباب) به مرد کاری می‌درآمدند. و اگر هیچ کار نیابند از کشتزارها دزدی می‌کردند. و مانند این‌ها[۲].

ماه مهر و مهرگان، در جامعهٔ کشاورزی، فصل و زمان برداشت،

---

۱. به مقالهٔ «مهرگان در اردهال» از کتاب ***ارزیابی شتاب‌زده***، مجموعهٔ مقاله از جلال آل احمد، انتشارات امیرکبیر، ۱۳۵۷، نگاه کنید.

۲. ***یادداشت‌ها***، تألیف صدرالدین عینی، به کوشش سعیدی سیرجانی، انتشارات آگاه، ۱۳۶۲، ص ۹۳.

انباشتن فراورده‌ها، پرداختن خراج و مالیات، اندوختن نیازمندی‌های زمستانی و گرمی بازارهای موسمی بوده که هنوز ـ هرچند نه به‌نام مهرگان ـ برگزار می‌شود.

و نیز با تحول و دگرگونی‌ای که با گذشت سده‌ها و هزاره‌ها در برگزاری جشن‌ها و آیین‌ها ـ مانند همهٔ پدیده‌ها و زمینه‌های فرهنگی ـ روی داده و می‌دهد، جشن مهرگان تنها به این عنوان که نام روز با نام ماه یکی است برگزار نمی‌شود، بلکه بیشتر داستان و اسطورهٔ قیام کاوه آهنگر در برابر بیدادگری‌های ضحاک است که یادمان این جشن نمادین می‌باشد.

بی‌گمان، باور و اعتقاد به ایزد مهر و آیین‌های مهری (میترایی) که پیش از زردشت، در هند و ایران وجود داشته، به ماه مهر و جشن مهرگان سیمای دینی بیشتری افزوده بود.

منابع:

۱. *شاهنامه*، فردوسی، جلد اول، داستان فریدون.
۲. *گرشاسب‌نامه* اسدی به اهتمام حبیب یغمایی، کتابخانه طهوری، ۱۳۵۴.
۳. *التفهیم‌الاوائل صناعت‌التنجیم*، تألیف ابوریحان بیرونی، تصحیح استاد جلال‌الدین همایی، انتشارات انجمن آثار ملی، ۱۳۵۷.
۴. *آثارالباقیه*، تألیف ابوریحان بیرونی، ترجمهٔ اکبر داناسرشت، انتشارات امیرکبیر، ۱۳۶۳.
۵. *تاریخ بیهقی*، تألیف ابوالفضل بیهقی، تصحیح دکتر غنی و دکتر فیاض، تهران، ۱۳۲۴.
۶. *فهرست مقاله‌های مردم‌شناسی*، انتشارات مؤسسه مطالعات و تحقیقات اجتماعی دانشگاه تهران، ۱۳۵۶.
۷. *آیین برگزاری جشن‌های ایران باستان*، نگارش موبد اردشیر آذرگشسب، ۱۳۵۶.
۸. *جهان فروری*، تألیف دکتر بهرام فره‌وشی، انتشارات کاویان، سال ۱۳۶۴.
۹. مقالهٔ «مهرگان در اردهال» از کتاب *ارزیابی شتاب‌زده* (مجموعهٔ مقاله‌ها) از جلال آل

احمد، انتشارات امیرکبیر، ۱۳۵۷.
۱۰. *یادداشت‌ها*، تألیف صدرالدین عینی، به کوشش علی اکبر سعیدی سیرجانی، انتشارات آگاه، ۱۳۶۲.

یلدا

صبح صادق ندمد، تا شب یلدا نرود

سعدی

دی‌ماه، در ایران کهن، چهار جشن را دربر داشت: نخسین روز ماه دی ــکه موضوع این جستار است ــو روزهای هشتم، پانزدهم و بیست‌وسوم، سه روزی که نام ماه و نام روز یکی بود[1].

امروز، از این چهار جشن تنها شب نخستین روز دی‌ماه، یا شب یلدا، را جشن می‌گیرند، یعنی آخرین شب پاییز، نخستین شب زمستان، پایان قوس، آغاز جدی و درازترین شب سال.

واژهٔ یلدا سریانی و به معنی ولادت است. ولادت خورشید (مهر، میترا) و رومیان آن را ناتالیس اَنویکتوس[2] یعنی روز تولد (مهر)

---

۱. بنابر گاهشماری کهن هریک از سی روز ماه نامی ویژه دارد، که نام فرشتگان است؛ نام دوازده ماه سال نیز در میان آن‌ها است. در هر ماه که نام روز با نام ماه یکی باشد، آن روز را جشن می‌گیرند؛ و در این سی روز ماه، سه روز آن **دی** نام دارد و هر سه روز را در گذشته جشن می‌گرفتند.

2. Natalis Invictus

شکست‌ناپذیر نامند[۱].

بنابر باور پیشینیان، در پایان این درازشب، که اهریمنی و نامبارکش می‌دانستند (و می‌دانند)، تاریکی شکست می‌خورد، روشنایی پیروز و خورشید زاده می‌شود و روزها رو به بلندی می‌نهد، و:

> ... نام این روز میلاد اکبر است، مقصود از آن انقلاب شتوی است. گویند در این روز نور از حد نقصان به حد زیادت خارج می‌شود، و آدمیان نشو و نما آغاز می‌کنند و «پری»ها به ذبول و فنا روی می‌آورند[۲].

زایش خورشید و آغاز دی را، آیین‌ها و فرهنگ‌های بسیاری از سرزمین‌های کهن آغاز سال قرار دادند، به شگون روزی که خورشید از چنگ شب‌های اهریمنی نجات می‌یافت و روزی مقدس برای مهرپرستان بود.

در سدهٔ چهارم میلادی، بر اثر اشتباهی که در محاسبهٔ کبیسه‌ها رخ داد، روز ۲۵ دسامبر را (به‌جای روز ۲۱ دسامبر) روز تولد میترا دانسته و تولد عیسی مسیح را نیز در این آغاز سال قرار دادند[۳]. اشارهٔ سنائی نیز به این تقارن است:

به صاحب دولتی پیوند، اگر نامی همی جویی
که از پیوند با عیسی چنان معروف شد یلدا

---

۱. **جهان‌فروری**، تألیف دکتر بهرام فره‌وشی، انتشارات کاویان، چاپ دوم، ۱۳۶۴، ص ۱۱۶.

۲. ***آثارالباقیه***، تألیف ابوریحان بیرونی، ترجمهٔ اکبر داناسرشت، انتشارت امیرکبیر، ۱۳۶۳، ص ۳۴۱.

۳. **جهان‌فروری** تألیف دکتر بهرام فره‌وشی، ص ۱۱۶، نقل شده از مقالهٔ "Les mages de Bethleem" نوشتهٔ Duchesne - Guillemin در مجلهٔ *Acta Orientalia Belgica* No. 10.

بنابراین نوئل[۱] اروپایی همان شب یلدا است، و نوئل واقعی، یعنی انقلاب شتوی[۲] درسیِ آذر برابر با بیست‌ویکم دسامبر است[۳].

از مقاله‌ها و پژوهش‌های فراوانی که دربارهٔ یلدا شده، در *لغت‌نامه*[۴] دهخدا، چکیده‌ای از *برهان قاطع*، *آنندراج*، حواشی علامه قزوینی بر *آثارالباقیه*، شرح پورداود بر *یشت‌ها*، *فرهنگ فارسی* دکتر معین و یادداشت‌های مرحوم دهخدا آورده، که نقل آن بی‌مناسبت نخواهد بود:

> یلدا لغت سریانی است به معنی میلاد عربی، و چون شب یلدا را با میلاد مسیح تطبیق می‌کرده‌اند، از این‌رو، بدین نام نامیده‌اند. باید توجه داشت که جشن میلاد مسیح که در ۲۵ دسامبر تثبیت شده، طبق تحقیق، در اصل جشن ظهور میترا بوده که مسیحیان در قرن چهارم میلادی آن را روز تولد عیسی قرار دادند. یلدا اول زمستان و شب آخر پاییز است که درازترین شب‌های سال است. و در آن شب، یا نزدیک بدان، آفتاب به برج جدی تحویل می‌کند و قدما آن را سخت شوم و نامبارک می‌انگاشتند. در بیشتر نقاط ایران در این شب مراسمی انجام می‌شود. شاعران زلف یار و همچنین روز هجران را از حیث سیاهی و درازی بدان تشبیه کنند. و از شعرهای برخی از شاعران مانند سنائی، معزی، خاقانی و سیف اسفرنگی، رابطه بین مسیح و یلدا ادراک می‌شود. یلدا برابر با شب اول جدی و شب هفتم دی ماه جلالی و شب بیست‌ویکم دسامبر فرانسوی است.

---

۱. Noël، سالروز تولد مسیح. ۲. Solstice، هریک از دو انقلاب صیفی و شتوی.

۳. ایرانیانی که در آمریکا و اروپا هستند و در روزهای جشن تولد مسیح و جشن سال نو میلادی می‌کوشند تا جشن شب یلدا را برگزار کنند ــ که نگارنده نیز از آن جمله بود ــ توجه دارند که هر سه آیین، سابقه و ریشهٔ تاریخی و فرهنگی مشترکی دارند.

۴. در *لغت‌نامه* دهخدا، واژهٔ **یلدا** را ببینید.

انگیزه‌های پایدار ماندن این جشن را می‌توان، از جمله، بدین‌گونه برشمرد:

۱. شب زایش خورشید (مهر) است؛ از باورهای دینی کهن.

۲. بلندترین شب سال، یعنی طولانی‌ترین تاریکی است؛ نشانه اهریمنیِ شبی شوم و ناخوشایند که از فردا به کوتاهی می‌گراید.

۳. پایان برداشتِ محصول صیفی و آغاز فصل استراحت در جامعهٔ کشاورزی است. همهٔ قشرها و گروه‌هایی که از فراورده‌های کشاورزی و تلاش کشاورزان بهره‌مندند، در جشن نخستین روز دی ماه و برداشت محصول، در شگون و شادی کشاورزان شرکت می‌کنند.

> و ... در این روز پادشاه با دهقانان و برزگران مجالست می‌کرد و در یک سفره با ایشان غذا می‌خورد، و می‌گفت (...) قوام دنیا به کارهایی است که به دست شما می‌شود.[1]

آیین و جشنِ شب یلدا یا شب چلهٔ بزرگ[2]، تا به امروز در تمامی سرزمین کهنسال ایران و در بین همهٔ قشرها و خانواده‌ها برگزار می‌شود.

یلدا را همچنین می‌توان جشن و گردهمایی خانوادگی دانست. در شب یلدا خویشاوندانِ نزدیک در خانهٔ بزرگ خانواده گرد می‌آیند. به بیانی دیگر، در سرمای آغازین زمستان، دور کرسی نشستن و تا نیمهٔ شب میوه و آجیل و غذا خوردن و به فال حافظ گوش کردن از ویژگی‌های شب یلدا است.

جشن خانوادگی: برگزاری مراسم یلدا، اگر بتوان نام جشن بر آن نهاد،

---

۱. *آثارالباقیه*، ص ۲۴۵.

۲. در زبان و باور عامه، زمستان به دو چله تقسیم می‌شود: چلهٔ بزرگ از اول دی ماه تا دهم بهمن، یعنی تا جشن سده است، که ستارهٔ گرما به زمین می‌رود؛ چلهٔ کوچک از دهم بهمن تا بیستم اسفند است، و به این علت **کوچک** گویند که از سردی هوا کاسته شده است. (برخی چلهٔ کوچک را بیست روز می‌دانند).

آیینی خانوادگی است، و گردهمایی‌ها به خویشاوندان و دوستان نزدیک محدود می‌شود. در کتاب‌ها و سندهای تاریخی به برگزاری مراسم شب یلدا اشاره‌ای نشده است. ابوریحان بیرونی از جشن روز اول دی‌ماه، که آن را خرم روز[1] نامند، در دستگاه حکومتی و پادشاهی یاد می‌کند و نامی از شب یلدا در میان نیست، که می‌توان به دلیل خانوادگی و همگانی و غیررسمی بودنِ آن دانست.

کنار کرسی: بی‌گمان برای جوانان نسل امروز کرسی گذاشتن، کنار یا دور کرسی نشستن نیاز به توضیح و توصیف دارد[2]. ابزارهای گرمازایِ تکنولوژی جدید ــ و نیز عامل‌های دیگر ــ کرسی و فرهنگ مربوط به آن را به‌دست فراموشی سپرده است.

در زمستان‌ها، استفاده از کرسی برای گرم کردن خانه و دور کرسی‌نشینی معمولاً از شب یلدا، نخستین شب زمستان، شروع می‌شد و تا پایان چلهٔ بزرگ ــ و در برخی خانواده‌ها تا پایان چلهٔ کوچک ــ ادامه داشت. اعضای خانواده از کوچک و بزرگ، دور کرسی، که روی آن را میوه و آجیل پوشانده بود، می‌نشستند.

تا می‌توان ز فرش چو کرسی جدا مباش
آتش به فرق ریز و مکن اختیار برف

میرالهی همدانی

خوراک: در همهٔ جشن‌ها و آیین‌ها، در جامعه‌های ابتدایی یا متمدن،

---

۱. «دی ماه و آن را «خور ماه» نیز می‌گویند، نخستین روز آن «خرم روز» است و این روز و این ماه هر دو به نام خدای تعالی که هرمزد است نامیده شده. در این روز عادت ایرانیان چنین بود که پادشاه از تخت شاهی بزیر می‌آمد و جامه سپید می‌پوشید و...»، *آثارالباقیه*، ص ۳۴۴.

۲. «چارپایه‌ای از تخته به عرض و طول یک متر و بیشتر که به زمستان‌گاه، زیر آن منقل یا کِلَکْ نهند. یا آن را بر فراز چاله آتش گذارند. و بر روی آن لحاف گسترند و در چهار طرف نهالین گسترند و بالش نهند، نشستن و خفتن زمستان را.» (**لغت‌نامه دهخدا**).

خوردن و آشامیدن بخشی از مشغولیت‌ها و سرگرمی‌های جمع را تشکیل می‌دهد.

برای شب یلدا، خوراک ویژه‌ای نمی‌شناسیم، و تهیهٔ شام بستگی به وضع اقتصادی و روند تغذیهٔ خانواده دارد. خوردنی‌های ویژهٔ شب یلدا، میوه‌های فصل تابستان چون؛ خربزه، هندوانه، انگور، اَنار، سیب، خیار، بِه و مانند آن است. میوه‌هایی که می‌بایستی در این شب تمامی آن‌ها (به‌جز سیب و به) خورده شود و چیزی برای فردا، یعنی فردای زمستان باقی نماند. میوه‌هایی را که شب یلدا بر آن می‌گذشت نمی‌خوردند[1].

به‌یاد دارم، تا سال ۱۳۲۳ که در کوهبنان (از بخش‌های کرمان) بودم، در خانهٔ روستایی ما، خربزه و هندوانه و انار را در انبار گندم می‌گذاشتند و انگور را یا همچنان که بر درخت بود، در کیسه می‌کردند و یا در جایی خنک به بند می‌آویختند. و در شب یلدا تمام آن‌ها می‌بایستی خورده شود.

آجیل و شب‌چره که شامل دانه‌هایی چون گندم و نخود برشته، تخمهٔ هندوانه و کدو، بادام، پسته، فندق، کشمش، انجیر و توت خشک است، در بسیاری از شب‌نشینی‌ها، مهمانی‌ها و گردش‌ها فراموش نمی‌شد. ولی در شب یلدا **می‌بایست** (و می‌باید) بر سر سفره باشد.

خوردنی‌های شب یلدا، در واقع، میوه و آجیل است نه غذا. برخی از خانواده‌ها، در شب یلدا، پس از خوردن شام، برای شب‌نشینیِ شب یلدا به خانهٔ خویشاوند بزرگ‌تر می‌روند.

فال حافظ: یکی از رسم‌های شب یلدا، **فال حافظ گرفتن** است. اگر رسم‌ها و آیین‌های دیگر یلدا را میراثی از فرهنگ چند هزار ساله بدانیم (که بایستی چنین باشد)، ولی فال حافظ گرفتن در شب یلدا ــ و نیز در

---

۱. شاید نبودن وسیله و امکان نگهداری، چون یخچال و سردخانه یکی از علت‌هایی باشد که خوراک‌های **شب‌مانده** را نمی‌خوردند.

تیر ما سیزه‌شو (جشن تیرگان در مازندران) ـ در سده‌های اخیر به رسم‌های شب یلدا افزوده شده است.

فال حافظ گرفتن، در شب‌نشینی‌های زمستان و مناسبت‌هایی چون چهارشنبهٔ آخر ماه صفر، چهارشنبه‌سوری، شب سیزده صفر، بعدازظهر سیزده‌بدر، تیر ما سیزه‌شو (تیرگان در مازندران) نیز از باورهای همگانی است[۱]... و در شب یلدا، گویا بیشتر وصف‌الحال است. ممکن است در شب یلدا، برای فال حافظ گرفتن، به‌خانهٔ ملا و باسواد محل رفت:

> در روستای کاوردِ دودانگه ساری، خواندن کتاب حافظ چندان رونقی ندارد. تنها در سال یک‌بار، آن‌هم در شب یلدا از دیوان حافظ فال می‌گیریم. برای فال گرفتن غروب شب یلدا همسایگان و نزدیکان، با آجیل و میوه به خانه ملای ده می‌رویم، که فال ما را گرفته و ببیند چه سرگذشتی دربارهٔ ما نوشته است[۲].

همهٔ رسم‌ها و آیین‌های شب یلدا را (به‌جز دور کرسی نشستن، که به اصطلاح نتوانسته است حرف خود را بر کرسی بنشاند) تا آن‌جا که پژوهش‌ها اجازه می‌دهد، در همهٔ شهرها و آبادی‌ها سراغ داریم.

پژوهش و مطالعهٔ کمّی دربارهٔ برگزاری آیین‌ها و رسم‌هایی که همگانی است و جنبهٔ خانوادگی دارد آسان نیست، و تنها می‌توان نمونه‌هایی انگشت‌شمار را مشاهده و مطالعه کرد.

امروز نمود برگزاری آیین و رسم شب یلدا را می‌توان در روزهای بیست‌ونهم و سی‌ام آذرماه، در بازارها و فروشگاه‌های میوه و آجیل‌فروشی‌ها دید. این خریدها تا پاسی از شب یلدا ادامه دارد. در

---

۱. به کتاب **به شاخ نباتت قسم** (باورهای عامیانه دربارهٔ فال حافظ)، زیر نظر محمود روح‌الامینی، انتشارات پاژنگ، تابستان ۱۳۶۹، مبحث **زمان تفأول** صفحه‌های ۳۴ و ۳۵ مراجعه شود.
۲. **همان**، ص. ۹۰.

آخرین لحظه‌ها نیز کسانی را می‌بینیم که از سرِ کار برگشته و میوه‌هایی چون خربزه و هندوانه و انار را، که به آسانی نمی‌توان در یخچال نگهداری کرد، می‌خرند.[۱]

باشد که این جشن و آیین، که در حدِ جشن نوروز و به روایتی، خود جشن نوروز و سال نو بوده، با وجود اشاعه و دگرگونی‌های فنی و صنعتی امروز، به عنوان گوشه‌ای از نمودهای فرهنگی و قومی و تاریخی این مرز و بوم، به دست فراموشی سپرده نشود.

همه شب‌های غم آبستن روز طرب است
یوسف روز ز چاه شب یلدا آید

---

۱. روزهای پایانی آذرماه، میوه‌فروشان دوره‌گرد، میوه‌های شب یلدا را، با وانت‌بار در محله‌ها و گذرهای تهران عرضه می‌دارند. در خور توجه است که هنوز ــ هرچند به ندرت ــ فروشنده‌های دوره‌گردی دیده می‌شوند که خربزه و هندوانه را، با الاغ در کوچه و پس‌کوچه‌های برخی از محله‌ها می‌گردانند. و این شیوه میوه‌فروشی و دوره‌گردی با الاغ ــ با وجود وسیله‌های فراوان و متنوع موتوری در تهران ــ حالت نمادین خود را حفظ کرده است. در برخی از کشورها، شهرداری‌ها کمک می‌کنند، تا اینگونه حرفه‌های سنتی، هرقدر هم اندک، برجای بماند.

بخش دوم

۱. جشن تیرگان
۲. جشن سده

بسیاری از جشن‌ها و آیین‌های کهن ایرانی، که از برگزاری آن‌ها تا قرن ششم و هفتم هجری نیز خبر داریم و در کتاب‌های تاریخی و ادبی شرح برگزاری آن‌ها را در دستگاه‌های پادشاهی و حکومتی ــ و گاه در نزد عامه مردم ــ می‌بینیم، با گذشت زمان و دگرگونی‌های سیاسی و اجتماعی امروز دیگر برگزار نمی‌شود، که از جمله بایستی از جشن‌ها و آیین‌های دوازده‌گانهٔ فروردین‌گان، اردیبهشت‌گان و... نام برد.

از این جشن‌ها، که در همهٔ شهرهای ایران برگزار می‌شده، دو مورد را سراغ داریم که هریک از آن‌ها، هنوز در یکی از اُستان‌ها باقی مانده است.

این دو جشن و آیین که نگارنده در برگزاری آن‌ها شرکت داشته و موضوع این بخش است عبارت‌اند از:

۱. جشن تیرگان (تیر ما سیزه‌شو) که در شب سیزدهم آبان ماه (تیر ماه تقویم فرس قدیم) در مازندران برگزار می‌شود.

۲. جشن سده (دهم بهمن ماه)، در کرمان.

جشن تیرگان (تیرما سیزه‌شو)

در ایران، از کهن‌ترین زمان، در هر ماه جشنی که نام آن ماه را داشت، برگزار می‌شد. از این جشن‌های دوازده‌گانه، تنها جشن تیرگان، با نام تیرما سیزه‌شو (شب سیزده تیرماه) هنوز در مازندران برگزار می‌شود. ولی برگزاری جشن‌های دیگری چون فروردین‌گان، اردیبهشت‌گان و ... به دست فراموشی سپرده شده است.

انتخاب روزهای جشن بدین شیوه بود که چون در تقویم کهن هریک از سی‌روز ماه را نامی است که نام دوازده ماه نیز در شمار آن سی نام است، جشن هر ماه در روزی بود که نامش با نام ماه یکی بود. و نام‌ها متعلق به سی فرشتهٔ نگاهبان روزها و ماه‌ها است[1]. جشن تیرگان روز سیزدهم ماه تیر (روز تیر) است.

به روز تیر و مه تیر عزم شادی کن   که از سپهر ترا فتح و نصرت آمد تیر

شمس‌فخری

---

۱. به *آثارالباقیه*، از ابوریحان بیرونی، ترجمهٔ اکبر داناسرشت، انتشارات امیرکبیر، ۱۳۶۳، فصل نهم، نگاه کنید.

افزون بر یکی بودن نام روز و ماه، مناسبت جشن تیرگان را سالروز حماسهٔ معین کردن مرز ایران، با تیراندازی آرش، می‌دانند. در *اوستا* آمده است:

> تیشتر ستاره را یومند و فرهمند را می‌ستاییم که شتابان بدان سوی پرواز کند. به سوی دریای فراخکرت پرواز کند. مانند تیر ارحش (ارش) بهترین تیرانداز ایرانی که از کوه ائیریوخشوت[1] به طرف کوه خوانونت[2] پرتاب گردید[3]...

زین‌الاخبار مناسبت جشن تیرگان را چنین آورده است:

> تیرگان، سیزدهم ماه تیر، موافق ماه است. و این آن روز بود، که آرش تیر انداخت. اندر آن وقت که میان منوچهر و افراسیاب صلح افتاد و منوچهر را گفت: هرجا که تیر تو برسد (از آن تو باشد). پس آرش تیر بیانداخت، از کوه رویان و آن تیر اندر کوهی افتاد میان فرغانه و تخارستان و آن تیر روز دیگر بدین کوه رسید، و مغان دیگر روز جشن کنند و گویند دو دیگر این‌جا رسید. و اندر تیرگان پارسیان غسل کنند و سفالین‌ها و آتشدان‌ها بشکنند. و چنین گویند که: مردمان اندرین روز از حصار افراسیاب برستند. و هر کسی به سرِ کار خویش شدند. و هم اندرین ایام گندم با میوه بپزند و بخورند و گویند: اندر آن وقت همه گندم پختند و خوردند که آرد نتوانستند کرد. زیرا که همه اندر حصار بودند[4].

---

1. Airyōxšutha 2. Xavanvant

۳. *یسنا*، فقرات ۳۷ و ۳۸، *یشت* هشتم، گزارش پورداود، انتشارات دانشگاه، ۱۳۵۶، ج اول، ص ۵۶.

۴. *زین‌الاخبار*، تألیف ابوسعید عبدالحی‌بن ضحاک‌بن محمود گردیزی، به تصحیح عبدالحی حبیبی، نشر دنیای کتاب، ۱۳۶۳، ص ۵۱۸.

و ابوریحان بیرونی در ***التفهیم*** آورده است:

... بدین تیرگان گفتند، که آرش تیرانداخت از بهر صلح منوچهر که با افراسیابِ ترکی کرده است، بر تیر پرتابی از مملکت؛ و آن تیر گفتند: او از کوه‌های طبرستان بکشید تا بر سوی تخارستان[1].

ابوریحان پیدایش جشن تیرگان و شرح برگزاری آن را در ***آثارالباقیه*** به تفصیل آورده، و برای پیدایی آن دو سبب نقل کرده است؛ یک سبب تیراندازی آرش برای تعیین مرز ایران و توران بود که:

... کمان را تا بناگوش خود کشید و خود پاره پاره شد. و تیر از کوه رویان به اقصای خراسان که میان فرغانه و تخارستان است، به درخت گردوی بزرگی فرود آمد به مسافت هزار فرسنگ و مردم آن روز را عید گرفتند (...) و چون در وقت محاصره کار بر منوچهر و ایرانیان سخت و دشوار شده بود، بقسمی که دیگر به آرد کردن گندم و پختن نان نمی‌رسیدند، گندم و میوه کال می‌پختند. بدین جهت شکستن ظرف‌ها و پختن میوه کال و گندم در این روز رسم شد...

سبب دوم آن‌که «دهوفذیه» (دهیوپته[2]) که معنای آن نگهداری مُلک و فرمانروایی در آن و «دهقنه» که معنای آن عمارت کردن و زراعت و قسمت کردن است و با هم توأم‌اند و کتابت، به‌وسیله هوشنگ و برادرش در این روز صادر شد...[3].

مقدسی، جغرافیادان نامی قرن چهارم، از برگزاری رسم و آیینی «در

---

۱. ***التفهیم***، تألیف ابوریحان بیرونی، تصحیح استاد جلال‌الدین همائی، انتشارات انجمن آثار ملی، ۱۳۵۷، ص ۲۵۴.

۲. دهیوپت مرکب از دهیو (= ناحیه و کشور) + پت (= پد پسوند دارندگی).

۳. ***آثارالباقیه***، ص ۳۳۵ تا ۳۳۷.

روز تیر از ماه تیر» (تیرگان) خبر می‌دهد، که نشان دهندهٔ درخواست مردم از کوه برای برآورده شدن آرزوهایشان در این روز است:

در حومه کاشان کوهی هست که آب مانند عرق از آن می‌چکد، ولی جریان نیابد. و چون هر سال روز تیر از ماه تیر باشد، مردم در پای کوه گرد آیند و ظرف‌ها بیاورند. پس هر دارنده ظرف با یک دستک بر کوه کوبیده، می‌گوید: «برای فلان کار از آب خود به ما بیاشامان». پس هریک به اندازه نیاز برمی‌گیرد[1].

سندی کهن در دست داریم که از برگزاری جشن تیرگان در قرن دوم هجری حکایت دارد. **پیگولوسکایا**[2] در کتاب ***شهرهای ایران در روزگار پارتیان و ساسانیان*** فصلی را به جشن **شهربگمود**[3]ـ تیرگان، اختصاص داده و به نقل از رویدادنامه سریانی ادیابنه[4] به داستانی پیرامون برگزاری یکی از جشن‌ها اشاره می‌کند. شرح برگزاری این مراسم که به آن جشن شهربگمود گفته می‌شده، به قلم معلمی به نام آبل[5] از سدهٔ دوم میلادی برجا مانده است. آبل پیرامون جشن مذکور چنین آورده است:

این جشن در ماه ایار برگزار می‌شد و گروه کثیری مردم از اطراف و اکناف ادیابنه، کنار چشمه و آبگیر بزرگِ آن گرد می‌آمدند. آن‌ها نخست، خود را در آبگیر می‌شستند، آن‌گاه می‌نشستند و به تدارک (خوراک) می‌پرداختند و آن خوراک را به بردگان خود می‌دادند،

---

۱. ***احسن‌التقاسیم فی معرفة الاقالیم***، تألیف ابوعبدالله محمدبن احمد مقدسی، ترجمهٔ دکتر علی‌نقی منزوی، انتشارات شرکت مؤلفان و مترجمان، ۱۳۶۱، ج دوم، ص ۵۹۴.

۲. ***شهرهای ایران در روزگار پارتیان و ساسانیان***، تألیف پیگولوسکایا (Pigulevskaya) ترجمهٔ عنایت‌اله رضا، شرکت انتشارات علمی و فرهنگی، ۱۳۶۷.

3. Shahrabgmud

۴. ادیابنه Adiabene (اربیل شهر عمده آن بوده).

5. Abel

ولی تا زمانی که یکی از فرزندان خردسال خود را به درون آتش نمی‌افکندند، خود از آن خوراک نمی‌خوردند. آن‌ها جگر و قلوه‌های قربانی خود را برمی‌داشتند و به نشانه جشن از شاخه درختی می‌آویختند. بعد تیرهای بسیاری از کمان‌های خویش به نشانه شادی و سرور به سوی آسمان رها می‌کردند و پس آن‌گاه به سوی خانهٔ خود بازمی‌گشتند[۱].

پ.ج. مسینا[۲] ماجرای این جشن را با نوشتهٔ ابوریحان بیرونی پیرامون جشن تیرگان مقایسه کرده است، و پیگولوسکایا شرح این مقایسه و مشابهت‌های «شست‌وشو»، «پرتاب تیر»، «شکستن ظرف‌ها»، «قطعه قطعه شدن آرش»، «قربانی کردن کودک» و «تهیه خوراک» را اشاعهٔ یک جشن می‌داند. این تحلیل درخور توجه است، لذا قسمتی از آن عیناً نقل می‌شود:

> مراسم جشن تیرگان را می‌توان با مراسم جشن شهربگمود که ماه ایار در استان ادیابنه برگزار می‌شود مرتبط دانست. مراسم شست‌وشو در آبگیر شاید با ماجرای کیخسرو در چشمه‌سار و عادت شست‌وشویی که بیرونی از آن سخن داشت نزدیک و مرتبط باشد، پرتاب تیر به هوا، که به نشانه سرور و شادی صورت می‌گرفت، شاید با پرتاب تیر از سوی آرش رابطه‌ای داشته باشد. بیرونی از رسم شکستن ظرف‌ها در جشن تیرگان خبر داد ولی هیچ‌گونه توضیحی پیرامون این رسم و سنت ارائه نکرد. مقایسه این رسم و سنت با مطالب مندرج در رویدادنامه سریانی بسیار

---

۱. *شهرهای ایران* در روزگار پارتیان و ساسانیان، ص ۴۸۱.

۲. P.G. Messina ,*La Celebrazion de Tiragan in Adiabene* نقل از منبع پیشین ص ۴۸۱.

گویا به‌نظر می‌رسد. پس از آماده کردن خوراکی غیرعادی، ظرف‌های آشپزخانه را می‌شکستند. در ادیابنه کودک قربانی را به درون آتش می‌افکندند. این نکته مبهم است که چرا پس از این عمل، وسایلی را که همراه کودک بر روی آتش قرار می‌دادند، درهم می‌شکستند. بیرونی تنها از رسم نابود کردن ظرف‌های آشپزخانه آگاهی داشت. چنین به‌نظر می‌رسد که وی علت این کار را نمی‌دانست. هرگاه به این نکته توجه شود که در ادیابنه طی مراسم مذکور نخست کودک را به درون آتش می‌افکندند و آنگاه به صرف غذا می‌پرداختند، موضوع چگونگی انهدام کلیه وسایل آشپزخانه مشخص می‌شود. زیرا این اشیاء و وسایل با قربانی کردن انسان ارتباط دارد. آرش پس از رها کردن تیر بر زمین افتاد و قطعه قطعه شد. کودک را به درون آتش می‌افکندند. آرش جان خود را فدا کرد و محل سقوط تیرش درختی بسیار تناور بود. کودک را نیز قربانی می‌کردند و قلوه‌هایش از شاخه درخت می‌آویختند.

ابوریحان از رسم پختن گندم و میوه در جشن تیرگان آگاه بود، این خاطره‌ای از دردها و مشقت‌های منوچهر بر مردم و به سبب خام بودن گندم و میوه به هنگام پیکار با افراسیاب بود. بدین مناسبت پوشاک دهقنه و کشاورزان را بر تن می‌کردند و محصول به صورتی ابتدائی، از جمله گندم و میوه پخته مصرف می‌شد. در داستان ارائه شده از سوی معلم آبل نکته‌ای ناروشن است، نکته مزبور آن است که اهالی ادیابنه کنار آبگیر گرد می‌آمدند به شست‌وشو و تهیه خوراک می‌پرداختند و به بردگان می‌دادند. آن‌ها خود تنها پس از افکندن کودک به درون آتش غذا می‌خوردند. بدیگر سخن خوراک بردگان مقدس نبود و مانند خوراک آزادگان با رسم و سنت قربانی رابطه‌ای نداشت. قربانی خود از مراسم دینی قبیله به‌شمار می‌رفت و مایه بستگی و ارتباط اعضای قبیله بود. از این‌رو بردگان

با مراسم مذکور هیچ‌گونه رابطه‌ای نداشتند. این نکته که آزادگان خود غذا آماده می‌کردند و به بردگان می‌دادند. نموداری از وظیفه توزیع محصول در زمین و حاکی از نقش دهقنه ـ دیهگانان ـ بود. معلوم می‌شود روایات مربوط به این جشن تا زمان بیرونی، باقی و بعضی مراسم در نظر افراد، نامفهوم و ناروشن بود. رویدادنامه سریانی که حاوی مطالبی از سده دوم میلادی است تصوری از پدیده‌های بسیار کهن و منسوخ چون قربانی کردن کودکان، پرستش درختان و تغذیه خاص بردگان بدست می‌دهد. رابطه مطالب رویدادنامه با نوشته بیرونی تا اندازه‌ای مشهود است[1].

نشانه‌های برگزاری جشن تیرگان، از قرن ششم به بعد، در سندهای تاریخی اندک است. در روزگار ما، فقط در شهرهای مازندران مراسمِ **تیرما سیزه‌شو** برجای مانده است. **تیرما** در تقویم مازندرانی (مانند تقویم فرس قدیم) مصادف با آبان ماه در تقویم جلالی (تقویم امروز ایران) است[2]. محاسبهٔ فصل‌ها، فعالیت‌های کشاورزی و جشن‌های کهن بر پایهٔ تقویم محلی مازندرانی تا یک نسل پیش رایج بود.

تیرماه (چهارمین ماه سال)، در تقویم ایرانی، چند سده به آغاز فصل پاییز رسیده بود. بدین معنی که از زمان خسروپرویز، در پی نابسامانی‌های کشور، محاسبهٔ کبیسه[3] به‌دست فراموشی سپرده شد. در نتیجه، باگذشت

---

۱. ***شهرهای ایران*** در روزگار پارتیان و ساسانیان، ص ۴۸۴ و ۴۸۵.

۲. نام ماه‌های طبری: سی‌یوما یا فِردین‌ما (فروردین)، کِرچ‌ما (اردیبهشت)، هَرِما (خرداد)، تیرِما (تیر)، مِردال‌ما ملّارما (مرداد)، شروین‌ما یا شِرویرما (شهریور)، میرما (مهر)، اونه‌ما یا اُنه‌ما (آبان)، ارک‌ما (آذر)، دی‌ما یا دِما (دی)، وهمن‌ما (بهمن)، نورزما یا نِرزما (اسفند). از کتاب ***واژه‌نامه طبری***، تألیف دکتر صادق کیا، انتشارات دانشگاه تهران، ۱۳۲۷، پیوست ۳.

۳. مدت‌گردش یک دوره زمین (به گفته قدما، آفتاب) ۳۶۵ روز و ۵ ساعت و ۴۹ دقیقه ←

زمان آغاز سال، یعنی فروردین از اول بهار (ورود خورشید به برج حمل[۱]) به اول تابستان (ورود خورشید به برج سرطان) کشانده شد. و مدت‌ها در این وضعیت کبیسه می‌کردند. ابوریحان می‌نویسد:

> ایرانیان وقتی که سال‌های خود را کبیسه می‌کردند، فصل‌های چهارگانه را با ماه‌های خود علامت می‌گذاشتند. زیرا این دو بهم نزدیک بودند؛ فروردین ماه اول تابستان، تیرماه اول پاییز، مهرماه اول زمستان و دی ماه اول بهار بود و روزهای خاص در این فصل داشتند که برحسب فصل‌های چهارگانه، به کار می‌بستند و چون کبیسه اهمال شد، اوقات آن‌ها بهم خورد[۲].

این نابسامانی‌ها ناگزیر برگزاری جشن‌ها، آیین‌های همگانی، فعالیت‌های کشاورزی و به‌ویژه، زمان گرفتن مالیات‌ها را تغییر می‌داد. در ***نوروزنامه*** می‌خوانیم:

> متوکل وزیری داشت نام او محمدبن عبدالملک، او را گفت، افتتاح خراج در وقتی می‌باشد که مال در آن وقت از غله دور باشد و مردمان را رنج می‌رسد. و آیین ملوک عجم چنان بوده است که کبیسه کردند، تا سال بجای خویش بازآید و مردمان را به مال

← و کسری است. معمولاً سال را ۳۶۵ روز گیرند و زیادی آن را در هر چهار سال یک روز حساب کنند و بر روزهای سال چهارم بیفزایند، که آن سال ۳۶۶ روز شود. و آن سال را «کبیسه» گویند. کبیسه واژه سریانی، به معنی پر شده است، که به عربی وارد شده. در ایران قدیم هر ۱۲۰ سال یکماه کبیسه می‌کردند. (به ***لغت‌نامه دهخدا*** نگاه کنید.)

۱. خورشید در حرکت ظاهری سالانهٔ خود هر ماه از برابر یکی از برج‌های دوازده‌گانه می‌گذرد، که عبارت‌اند از حمل، ثور، جوزا (سه ماه بهار) سرطان، اسد، سنبله (سه ماه تابستان) میزان، عقرب، قوس (سه ماه پاییز) جدی، دلو، حوت (سه ماه زمستان).

۲. ***آثارالباقیه***، ص ۳۲۳ و ۳۲۴، و نیز به ***تقویم و تاریخ در ایران***، تألیف ذبیح بهروز، (***ایران کوده***، شماره ۱۵) نشر انجمن ایرانویج، ۱۳۳۱، فصل سوم و چهارم، نگاه کنید.

گذاردن رنج کمتر رسد، چه دستشان به ارتفاع رسد. متوکل اجابت کرد و کبیسه فرمود و آفتاب را از سرطان به فروردین (حمل) بازآوردند و مردمان در راحت افتادند و آن آیین بماند. و پس از آن خلف‌بن احمد امیر سیستان کبیسه دیگر بکرد، که اکنون شانزده روز تفاوت از آن‌جا کرده است و سلطان سعید معین‌الدین ملکشاه را، انارالله برهانه، از این حال معلوم کردند. بفرمود تا کبیسه کنند سال را به جایگاه خویش بازآرند. حکماء عصر از خراسان بیاوردند و هر آلتی که رصد را به کار آید بساختند از دیوار و ذات‌الحِلَق[1] و مانند این و نوروز را به فروردین بردند. ولکن پادشاه را زمانه زمان نداد و کبیسه تمام ناکرده بماند. این است حقیقت نوروز و آن‌چه از کتاب‌های متقدمان یافتیم و از گفتار دانایان شنیده‌ایم[2].

تیرماه و جشن تیرگان در خزان

در ادبیات قرن‌های چهارم و پنجم، نمونه‌های زیادی را می‌توان یافت که نشان دهد تیرماه در فصل خزان بوده است از جمله:

اگر به تیرمه از جامه بیش باید تیر — چرا برهنه شود بوستان چو آید تیر

عنصری

گهی نوبهار آید و گاه تیر — جوان است گیتی گه و گاه پیر

اسدی

---

۱. ذات‌الحِلَقْ: مجموعه حلقه‌های متداخله بسیاری، فلزین یا چوبین یا از مقوا که آسمان و حرکات کواکب را نماید و علمای هیأت کواکب را بدان رصد کنند. (*لغت‌نامه دهخدا*).

۲. **نوروزنامه**، منسوب به عمربن ابراهیم خیام نیشابوری، به کوشش علی حصوری، انتشارات طهوری، ۱۳۵۷، ص ۲۱.

بـــهار و تـموز و زمســتان و تـیر ــــــیاسود هــرگز یــل شــیرگیر

فردوسی

هنوز در سالنمای نجم‌الملک، تیرماه فرس قدیم در آبان ماه روزشمار کنونی است.

استاد دکتر صادق‌کیا دربارهٔ محاسبهٔ ماه‌های سال بر پایهٔ گاهشماری فرس قدیم در مازندران (طبرستان) مـی‌نویسد: «...اکـنون نـوروز آنـان (مازندرانی‌ها) در نیمه دوم «اونه‌ما» (آبان‌ماه)، و تیرماه آنان در پاییز است و جشن تیرگان را در پاییز می‌گیرند...»[1]

مرحوم تقی‌زاده نیز می‌نویسد:

بر طبق تحقیقاتی که از اشخاص مختلف و نقاط مختلفه مازندران به‌عمل آمده (در سال ۱۳۱۷ شمسی و ۱۹۳۹ مـیلادی) مـاه‌های قدیم در تمام نقاط کم‌وبیش معمول است. البته در شهرها کمتر و در دهات بیشتر. در بعضی از بلوکات تمام کارهای مردم از معامله و اجـاره و امـثال آن بـا مـاه‌های قـدیم است و در شـهرها اغـلب پیرمردان و زن‌ها این ماه‌ها را می‌دانند.[2]

از برگزاری جشن **تیرما سیزه‌شو**، که در کتاب **شرح بیست باب ملامظفر**، از آن به نام **نوروز طبری** یاد شده[3]؛ در سواد کـوه، سـنگسر، شـهمیرزاد، فیروزکوه، دماوند، بـهشر، دامـغان، مـاها، سـاری، بـابل، آمـل، نـوشهر، شهسوار و طالقان خبر داریم[4]. نگـارنده در سـال ۱۳۳۵ در آمـل شـاهد

۱. مجلهٔ **هنر و مردم**، سال ۱۳۴۵، شمارهٔ ۴۵، ص ۵.

۲. ***مقالات تقی‌زاده***، جـلد دهـم (***گـاهشماری در ایـران قـدیم***)، زیـر نـظر ایـرج افـشار، انتشارات شکوفان، ۱۳۵۷، حاشیهٔ صفحهٔ ۲.

۳. ***واژه‌نامه طبری***، تألیف دکتر صادق‌کیا، پیوست ۳، ص ۲۴۸.

۴. از پژوهش‌های دانشجویان در درس‌های مردم‌شناسی و گزارش‌ها و سـندهای مـرکز

←

برگزاری و رسم حافظ‌خوانی در **تیرما سیزه‌شو** بودم.

در شب سیزدهم آبان ماه، خانواده‌ها و خویشاوندان نزدیک در خانهٔ بزرگ فامیل، با تدارک قبلی جمع می‌شوند. این گردهمایی با پذیرایی و اجرای مراسمی که ویژهٔ این شب است، تا دیروقت ادامه می‌یابد. در این‌جا می‌کوشیم با بهره‌گیری از گزارش‌ها، مصاحبه‌ها و مشاهده‌ها به شرح آن بپردازیم.

خوردنی‌ها: در این شب افزون بر خوراک‌هایی که مناسب مهمانی است و هر کسی به اندازهٔ امکان خود در تهیهٔ آن می‌کوشد، بنابر رسم محل و مناسبت فصل، آجیل و میوه و **تنقلات** و **شب‌چره** تدارک می‌بینند. تنوع خوراک‌ها زیاد است. به بیان نمونه‌هایی بسنده می‌شود.

در آمل: «... خوراکی‌هایی تهیه می‌کنند که به لهجه محلی خارچی (خوارچی = چیزهای خوب) گویند. این خوراکی‌ها عبارت است از انواع شیرینی‌ها که در خانه تهیه می‌شود و... شیرینی دستی به نام شامی‌نون (نون شامی) و شیرینی دیگری به نام بشتزیک[1]. علاوه بر شیرینی، انار، پرتقال، خربزه، هندوانه، ازگیل (خصوصاً)، پسته، گندم برشته، کشمش، گردو و تخمه جزو خارچی است[2]»...

در فیروزکوه: «... بعد از شام، گندم و شاهدانه و گردو و سنجد و شیرینی و میوه و چای را روی کرسی می‌گذارند و افراد خانواده دور آن جمع می‌شوند.[3]» .

در داراب‌کلا (ساری): «... طبق سنن قدیم، پس از صرف شام، سیزده جور تنقلات مانند انگور، هندوانه، خربزه، سیب، نیشکر، ازگیل،

← فرهنگ مردم که زیر نظر و به کوشش سید ابوالقاسم انجوی جمع‌آوری شده است، استفاده گردید.

1. Bes̆tezik

۲. از الف. سیاهزاده و صالحی. ۳. س. رضایی.

مرکبات، کنجد حلوا، نخودچی، گندم برشته، گردوحلوا، کشمش و تخمه می‌خورند.[۱]»

در سنگسر: «... علاوه بر «شب‌چره» یعنی انار و انگور و سنجد و بادام و تخمه و امثال آن، به مناسبت سیزده باید غذایی پخت که از سیزده ماده خوراکی درست شده باشد (گوشت، آب، سبزی، برنج، عدس، نخود، نمک، و...) که آن را «سیزه‌چی» گویند.»[۲]

در فرامرزکلا (سوادکوه): «خوراکی به نام «پیسه ـ گنده[۳]» درست می‌کنند که ترکیبی از مغز گردو، آرد برنج، شکر یا عسل یا شیرهٔ خرمالوی جنگلی، و به اندازهٔ پرتقال است.[۴]»

شگون چوب خوردن از لال: قسمت عمدهٔ رسم آمدن لال است و در برخی از شهرها این مراسم را **لال‌شو** (شب لال) گویند. در این شب شخصی با لباس مبدل، دستمالی به سر بسته و صورتش را سیاه می‌کند. و مانند لال‌ها، با کسی حرف نمی‌زند[۵].

این شخص را لال و **لال‌مار** (در کوچک‌سرای شاهی) و **لال شیش** (در بابل و داراب‌کلا) و **لال شوش** (در تنکابن) می‌گویند. و چند نفر او را همراهی می‌کنند. او وارد خانه‌ها شده و با چوب و ترکه‌ای که در دست دارد، که به آن شیش گویند، ضربه‌ای به ساکنان خانه می‌زند. باور دارند که هر کس را بزنند تا سال دیگر آن فرد مریض نمی‌شود (روستای چالی شیرگاه). این زدن را شگون برای تندرستی می‌دانند و به او چیزی می‌دهند.[۶]

---

۱. الف. عمویی. ۲. بدون نام.

3. Pisse-gende

۴. ن. کاظمی فرامرزی.

۵. در فرامرز کلا، کسی که بایستی **لال** باشد، در غروب آفتاب در آب سرد رودخانه **بِرکا** می‌رفت که از شدت سرما قدرت صحبت کردن نداشته باشد.

۶. ***واژگان طبری***، دکتر صادق‌کیا، زیر واژهٔ «لال زن شیش».

«...او (لال) مخصوصاً به سراغ زنان نازا، حیوانات نازا، دختران شوهر نکرده، و درختان بی‌میوه می‌رود و با ترکه به آن‌ها می‌زند. یکنفر از حاضران پادرمیانی کرده و ضمانت می‌کند که مثلاً: این زن یا آن درخت یا آن دختر را نزن. من ضمانت می‌کنم که باردار شود، میوه بدهد، به خانه شوهر رود[۱]. صاحب‌خانه‌ها، به آنان شیرینی، گندم برشته، برنج، گردو یا خوراکی دیگر می‌دهند و آمدن لال را به خانه و کاشانه خود به فال نیک می‌گیرند[۲]. در فرامرزکلا، پس از رفتن لال، صاحب‌خانه ترکه «توت شیشک» را (که لال در همهٔ خانه‌ها می‌گذاشت) در بین چوب‌های سقف خانه می‌گذاشت و معتقد بودند که برکت بام را زیاد و حیوانات موذی مثل موش و سوسک و... را دفع می‌کند[۳].

فال حافظ: از رسم‌های دیگر تیرما سیزه‌شو فال گرفتن با دیوان حافظ است که در شهرها، روستاها و تقریباً همهٔ خانه‌ها ـ حتی اگر لال هم به خانه نیاید ـ مرسوم است. در این شب و شب یلدا، برای همهٔ حاضران فرصتی است که خوب و بد نیّت خود را از حافظ، که «به شاخ نبات» قسمش داده‌اند، جویا شوند[۴]. در روستاها و خانواده‌هایی که «حافظ خوان» نباشد، حاضران با دوبیتی خواندن، فال می‌گیرند.

سرگرمی‌های گروهی جوانان: نوجوانان، پسربچه‌های محله، کمتر در خانه می‌مانند. با همسالان در کوچه‌ها به آوازخوانی پرداخته و همراه لال و معمولاً به صورت ناشناس از خانه‌ها، شیرینی و آجیل

---

۱. آمل: ذ. صالحی، گزارشی مشابه نیز از داراب‌کلای ساری داده شده است.

۲. زنی در آمل به نگارنده گفت: «دخترم بچه نداشت، همسایه‌ها گفتند بگذار ***لال‌مار*** به او چوب بزند، مؤثر است. ولی شوهرم مخالفت کرد. دخترم هم اعتقاد نداشت و راضی نشد.» ۳. ن. کاظمی فرامرزی.

۴. به کتاب ***به شاخ نباتت قسم*** (باورهای عامیانه دربارهٔ فال حافظ) زیر نظر نگارنده، انتشارات پاژنگ، ۱۳۶۹، ص ۷۹ تا ۹۹، مراجعه کنید.

جمع‌آوری و به عنوان شگون، بین خود تقسیم می‌کنند. در علمده (نور) با چوب‌دستی به در خانه‌ها می‌روند، و چوبی را که دستمالی به آن بسته‌اند به داخل خانه‌ها می‌اندازند. معمولاً در خانه‌ها دستمال آن‌ها را از خوراکی و آجیل و میوه پر کرده و از خانه بیرون می‌اندازند[۱]. در شیرکوه، بچه‌های محله، ساقهٔ جورابی را با نخ درازی بسته و به خانه‌ها می‌اندازند، صاحب‌خانه که منتظر است، چیزی در آن گذاشته برای آن‌ها می‌اندازد.[۲]

در شب سیزده ماه مزبور، در نور مازندران، در خانهٔ خود بهترین غذاها را تهیه و انواع میوه‌ها را بر سر سفره می‌چینند و شادی می‌کنند. جوان‌ها برای خواستن مراد به در خانه‌ها رفته و از پنجره، دستمال به اتاق صاحب‌خانه پرتاب می‌کنند؛ و صاحب‌خانه میوه و شیرینی به دستمال بسته به بیرون پرتاب می‌کند[۳].

> برخی از مردمان ماها (از دهستان هبله‌رود بخش فیروزکوه) بر بام خانه دیگران می‌روند و از روزن بام که به گویش ماهایی‌ها «دریجه» نامیده می‌شود، شال درازی را که به سر آن یک دستمال بسته‌اند، درون اطاقی که آنان نشسته‌اند می‌اندازند، صاحب‌خانه از همان خوردنی‌هایی که برای مهمانان آورده است، در آن دستمال می‌گذارد و آن را می‌بندد. آن‌گاه کسی که بر بام نشسته و شال را فرو انداخته است، آهسته آهسته شال را بالا می‌کشد. این رسم را که در بیشتر آبادی‌های مازندران نیز معمول است «شال‌اینگنی» (شال‌افکنی) می‌نامند[۴].

---

۱. علمده: م. قنبری. ۲. شیرکوه مازندران: ک. باقرزاده.

۳. **مقالات تقی‌زاده**، حاشیهٔ صفحهٔ ۳.

۴. تک‌نگاری «ماها»، دکتر صادق‌کیا، مجلهٔ **هنر و مردم**، شماره ۴۵ و ۴۶، سال ۱۳۴۵، ص ۵.

تیروجشن

اگر در کتاب‌های تاریخی و ادبی که به جا مانده، اثر و خبری از برگزاری تیرگان از قرن هشتم به بعد نمی‌یابیم، بی‌گمان دال بر منسوخ شدن آن نیست؛ فراموش نکنیم که برخی از مورخان و نویسندگان این‌گونه جشن‌ها، و رسم‌ها را «بی‌ارزش» و «عامیانه» و گاهی «ضد ارزش» می‌دانستند.

آداب و رسوم و جشن‌هایی که در بین عامهٔ مردم رواج یافته باشد به‌آسانی از بین نمی‌رود و معمولاً، به اقتضایِ زمان و مکان، همراه با تحول‌ها و دگرگونی‌های فرهنگی دیگر متحول می‌شود.

در بین زردشتیان کرمان، تا چند سال پیش، مراسمی در دههٔ دوم تیرماه برگزار می‌گردید، که به آن **تیروجشن**[1] می‌گفتند، و هنوز به‌کلی فراموش نشده؛ «... در تیروجشن، تا آن‌جا که به خاطر دارم، جوان‌ترها، نخی به دست یا دکمه خود می‌بستند، و چندین روز بعد، یعنی روز «باد» (بیست و دوم تیرماه دینی، مطابق نوزده تیرماه رسمی)[2] که آن را «تیرُوْ باد» می‌گویند، با درخواست آرزوها، آن نخ را در گوشه صحرا، یا پشت‌بام‌ها، به باد می‌دادند. بعضی بچه‌ها، بادبادک‌های

---

۱. در زبان گفتاری کرمان، برای تصغیر یا تحبیب یا معرفه نمودن پسوند «و» به اسم اضافه می‌شود و مثلاً: حسن، دختر، کتاب، خیابان و تیر می‌شود، حسنو، دخترو، کتابو، خیابونو، تیرو.

۲. در تقویم دینی زردشتیان، همهٔ ماه‌ها سی روز است و، چنان‌که دیدیم، هر روزی نامی دارد که معرف شماره ترتیب روزهای ماه نیز هست. مثلاً روز تیر یعنی روز ۱۳ ماه و روز مهر، شانزدهم ماه و روز **باد**، بیست‌ودوم است. در انطباق با ماه‌هایی که سی‌ویک روز است اختلافی پیش می‌آید و با محاسبهٔ سه روز اضافه (۳۱ فروردین و اردیبهشت و خرداد) ۲۲ تقویم زردشتی می‌شود ۱۹ تیر. و از این رو است که جشن مهرگان که ۱۶ مهر ماه قدیم است با ۱۰ مهرماه فعلی مطابق است. پنج روز کمبود را در پایان سال به نام **پنجه** یا **بهیزک** اضافه می‌کنند.

رنگین نیز درست می‌کردند و مسابقه می‌دادند. دید و بازدید و خوردن آجیل، سرگرمی عمومی، خصوصاً سرگرمی بچه‌ها بود. آب‌پاشی به یکدیگر، از پشت‌بام‌ها، در خانه و گذر نیز مرسوم بود، که هنوز هم هست[۱]».

در کتاب *فرهنگ بهدینان* دربارهٔ مراسم **تیروجشن** آمده است:

... در این جشن، از روز تیر (سیزدهم ماه) تا روز باد (بیست‌ودوم ماه) بندِ الوانی به دوردست یا به جایی از لباس می‌بندند و در روز باد[۲]، در محلی بلند آن را به‌باد می‌دهند (...) دیگر از آداب این جشن این است که قبل از روز تیر، دختر نابالغی کوزه خالی یا پر از آب را دور مجلس می‌چرخاند و هر کسی به نیتی که دارد، چیزی در آن می‌اندازد. این کوزه را به خانه‌ای می‌برند که در آن خانه، درخت مورد[۳] باشد، پارچهٔ سبزی روی کوزه می‌اندازند و آیینه‌ای روی آن می‌گذارند و زیر درخت مورد قرار می‌دهند. عصر روز بعد که روز تیر است، دختر کُشتی نو می‌کند و با منش پاک همان کوزه را برمی‌دارد و باج (ساکت و بی‌حرف) در سر گذر محله می‌نشیند. راهگذران می‌آیندو هر کدام شعری می‌خوانند، آن دختر دست در کوزه می‌کند و هر دفعه یکی از چیزهایی را که در کوزه انداخته‌اند بیرون می‌آورد. صاحب آن چیز نیت خود را با شعری

---

۱. از خاطره‌های الف. فرهمند، کرمان.

۲. در تیر ماه که فصل برداشت محصول گندم است، برای باد دادن خرمن و جدا کردن دانه از کاه (اوشین کردن به اصطلاح کرمان، اوسه کردن اصطلاح فارس، جنگرزن اصطلاح بختیاری)، وزش مناسب باد، نقش و اهمیت اساسی دارد. اگر باد نوزد یا تند بوزد کار متوقف می‌ماند. شاید مراسم روز باد (تیروباد) بازماندهٔ قسمتی از جشن برداشت‌محصول‌باشد.و توجه نمودن و اهمیت دادن به وزش باد به آن مناسبت باشد.

۳. گیاه مُورد (در لاتین میرتوس Myrthus) و برگ‌های سبز و دائمی آن در نزد زردشتیان شگون دارد.

که خوانده شده تطبیق می‌کند و این شعر را به فال نیک می‌گیرد[۱].

در کاریزات[۲] یزد، مراسمی در اول تیر ماه هر سال به‌نام **آب تیر ماهی** انجام می‌گیرد که می‌توان آن را از مراسم جشن تیرگان دانست.

به‌وسیله پسری نابالغ، دوره‌ای را (کوزه‌ای با دهانه گشاد که معمولاً برای نگهداری ترشی و مربا از آن استفاده می‌شود) از آب هفت چشمه یا قنات پر می‌کنند. آب را نباید آسمان ببیند. زنان و دختران هر یک شیئی نشانه‌گزاری شده را (دکمه، مهره،...) در آن دوره می‌اندازند. کسی را که در ده اشعار زیادی از فردوسی، حافظ، باباطاهر یا فایز می‌داند دعوت می‌کنند و او با خواندن شعر، اشیا را یکی یکی از ظرف بیرون می‌آورد، و صاحب هر شیئی فال خود را از شعر خوانده شده درمی‌یابد، این مراسم با خیس کردن یکدیگر پایان می‌پذیرد[۳].

می‌دانیم که همهٔ پدیده‌ها، نهادها، آیین‌ها، جشن‌ها و همهٔ زمینه‌های دیگر فرهنگی، با گذشت سده‌ها و هزاره‌ها، دگرگون می‌شود، تحول می‌یابد، با زمان و مکان هماهنگ می‌شود، به گونه‌ای دیگر جلوه می‌کند، به‌صورتی که گاه، گر تو ببینی نشناسیش باز، و گاهی دیگر و جایی دیگر به‌دست فراموشی سپرده می‌شود.

در این‌جا، بی‌مناسبت نخواهد بود، که پیرامون زمینه‌های همگون و ناهمگون این جشن و رسم‌های سه‌گانه‌ای که بین زمان و مکان برگزاری آن‌ها صدها سال و صدها فرسنگ فاصله است به تحلیل بپردازیم.

الف) **خوردنی‌ها**: هرچند که مردم‌نگاری و تک‌نگاری دقیقی از

---

۱. **فرهنگ بهدینان**، تألیف جمشید سروش سروشیان، چاپخانه دانشگاه تهران.

۲. بخشی در ۱۲۰ کیلومتری جنوب یزد. ۳. نقل از گزارش تحقیقی ص. مسعودیان.

خوراک‌ها و پذیرایی‌های جشن تیرگان در گذشته نداریم و سندها منحصر به اشاره‌هایی است که دربارهٔ خوردنی‌های ویژهٔ این جشن شده، کتاب‌های *آثارالباقیه* و *زین‌الاخبار*، از پختن میوه و گندم در این روز خبر می‌دهند. و امروز در تنقلاتِ تیرما سیزه‌شو (در مازندران از جمله گندم برشته و میوه وجود دارد، و در مجموعهٔ آجیل‌های تیروجشن (در کرمان) نیز گندم برشته دیده می‌شود، که می‌توان آن‌ها را باقی‌ماندهٔ یک رسم کهن دانست. از طرفی، تفاوت و تنوع خوردنی‌ها که در رسم‌های تیرما سیزه‌شو و تیروجشن دیده می‌شود، بیشتر به فرهنگ تغذیهٔ مازندران و کرمان بستگی دارد، که جشن‌ها را نیز دربر می‌گیرد.

ب) **شگون و تفأول**: درخواست برآورده شدن آرزوها، با «دستک بر کوه کوبیدن، و آب از چشمه خواستن» در قرن چهارم، شادی و شگونی که چوب خوردن از لال دارد، و تفأولی که با حافظ‌خوانی و شعرخوانی در تیرما سیزه‌شو مرسوم است، و نیز فال کوزه‌ای که در تیروجشن کرمان می‌گیرند، یکسان است. نگرانی از حادثه‌ها و رویدادهای آینده (وضع بیماران، مسافران، ازدواج و...) انگیزه‌ای همگانی و همه‌زمانی است. تفأول و توسل به آن‌چه که در باور عامه شگون دارد، مختص جشن تیرگان نیست؛ در بسیاری از آیین‌ها، رسم‌ها و گردهمایی‌ها معمول می‌باشد.

ج) **نقش جوانان و نوجوانان**: شاید بتوان گفت که در همهٔ جشن‌ها (خانوادگی، قومی، منطقه‌ای، ملی و دینی) نیروی کارا، پرجوش و خروش و شادی‌آفرین را نوجوانان و کودکان تشکیل می‌دهند. البته، نقش بزرگسالان برای برپایی و پایداری جشن‌ها اساسی است، ولی به علت موقعیت اجتماعی و وضعیت جسمانی معمولاً بزرگسالان رفتار و کرداری «جدی» و «رسمی» دارند[1]. جنب‌وجوش و خنده و بازی و گرمی بازار

---

۱. هرچند در بسیاری از جشن‌ها و شادی‌ها بزرگسالان موقعیت خود را فراموش می‌کنند و به جوانان می‌پیوندند.

جشن‌ها، که گاهی نیز «غیررسمی» و در «حاشیه» است، بر عهدهٔ نوجوانان می‌باشد. در تیرما سیزه‌شو، گروه جوانان و «بچه‌ها» را در کوچه‌ها به آوازخوانی، جمع‌آوری میوه و شیرینی از خانه‌ها می‌بینیم، و در تیروجشن، بچه‌ها و کوچکترها با تارهای نخ‌رنگی در کوچه‌ها و بام خانه‌ها می‌دوند و ترانه می‌خوانند. در جشن‌های دیگر نیز چون چهارشنبه‌سوری، یلدا، نوروز، سیزده‌بدر و جشن‌های خانوادگی چون عروسی، درواقع، حضور جوانان و نوجوانان و کودکان است که به چشم می‌خورد[۱].

د) **آب‌پاشی به دیگران**: از جمله رسم‌های برخی جشن‌ها، چون نوروز و تیرگان و... آب‌پاشی و خیس کردن دیگران بوده است. این رسم با آن‌که وضع، نوع، «مُد» و فرهنگ پوشاک تحول یافته، هنوز در برخی از شهرها و جشن‌ها رایج است، که در پایان این گفتار ــ هرچند خود موضوع گفتاری جداگانه است ــ به آن می‌پردازیم. رسم آب‌پاشی در نوروز را ابوریحان از زمان حضرت سلیمان می‌داند؛ «...پرستوئی با منقار خویش، در این روز قدری آب آورده و بر روی سلیمان پاشید(...) از این‌جاست که مردم در نوروز به یکدیگر آب می‌پاشند.[۲]» و نیز در همین زمینه می‌نویسد: «در این روز (نوروز) مردم به یکدیگر آب می‌پاشند، برخی گفته‌اند علت این است که در کشور ایران دیرگاهی باران نبارید، ناگهان به ایران سخت بارید و مردم به این باران تبرک جستند و از این آب به یکدیگر پاشیدند و این کار همین‌طور در ایران مرسوم بماند.[۳]»

در جشن تیرگان، شست‌وشو کردن در آب روان رسمی کهن است، ابوریحان می‌نویسد:

...چون کیخسرو از جنگ با افراسیاب برگشت در این روز (تیرگان) به ناحیه ساوه عبور نمود و به کوهی که به ساوه مشرف

---

۱. برعکس در عزاداری‌ها، بزرگسالان بیشتر کارا و پرجوش و خروشند و به چشم می‌خورند. ۲. *آثارالباقیه*، ص ۳۲۵. ۳. **همان**، ص ۳۳۱.

بود بالا رفت و تنها خود او، بدون هیچ‌یک از لشکریان به چشمه‌ای وارد شد و فرشته‌ای را دید، در دم مدهوش شد. ولی این کار با رسیدن بیژن پسر گودرز مصادف شد و قدری از آب چشمه بر روی کیخسرو ریخت (...) و رسم اغتسال و شست‌وشوی به این آب و دیگر آب‌های چشمه‌سارها باقی و پایدار ماند، از راه تبرک. و اهل آمل در این روز به دریای خزر می‌روند و همه روز را آب بازی می‌کنند[۱]...

گردیزی نیز شست‌وشو کردن در جشن تیرگان را، که به روزگار او مرسوم بوده، به داستان کیخسرو مربوط می‌داند[۲].

این‌که در روستای فرامرزکلا تا چندی پیش رسم بوده که: «لال‌مار»، در غروب دوازدهم تیرماه طبری به کنار رودخانه «دِرکا» رفته و خود را با آب سرد درکا می‌شست، به‌طوری که از سرما قدرت صحبت کردن نداشت و به اصطلاح لال می‌شد[۳]، آیا نمی‌تواند بازماندهٔ رسم شست‌وشو کردن کهن باشد؟ و اگر این رسم در تیرما سیزه‌شو همگانی نیست می‌تواند به این علت باشد که با کبیسه نکردن و آمدن تیرماه از تابستان به پاییز، سردی هوا اجازهٔ آب‌پاشی و شست‌وشو را نمی‌دهد؛ ولی رسم آب‌پاشی در آغاز تابستان، در رسم‌های زردشتیان یزد، (در پیرچک چکو) باقی است[۴].

رسم آب‌پاشان در دورهٔ صفویه، در آغاز تابستان، برگزار می‌شده و مورخان[۵] و سفرنامه‌نویسان[۶] از آن به تفصیل یاد کرده‌اند.

---

۱. **همان**، ص ۳۳۶. ۲. ***زین‌الاخبار***، ص ۵۱۹. ۳. گزارش ن. کاظمی فرامرزی.

۴. به گفتار «به حق پیر چک‌چکو»، در همین کتاب نگاه کنید.

۵. ***تاریخ عالم آرای عباسی***، تألیف اسکندربیک منشی، ج دوم، ص ۵۳۸ و ۸۵۳.

۶. ***سفرنامه پیترو دو لا واله***، ترجمهٔ شجاع‌الدین شفا، بنگاه ترجمه و نشر کتاب، ۱۳۴۸، مکتوب پنجم.

...این جشن آریایی که از پیش از مسیح در میان آریایی‌ها به‌ویژه ایرانیان رواج بسیار داشته، هم‌اکنون نیز در بین ایرانیان ارمنی و دیگر ارمنی‌های جهان مرسوم است و همه‌ساله آن را در ماه ژوئن که مصادف با تیرماه ایرانی است برپا می‌دارند[۱].

منابع:

۱. ***آثارالباقیه***، از ابوریحان بیرونی، ترجمهٔ اکبر داناسرشت، انتشارات امیرکبیر، ۱۳۶۳.

۲. **یسنا**، گزارش پورداود، انتشارات دانشگاه، ۱۳۵۶.

۳. ***زین‌الاخبار***، تألیف ابوسعید عبدالحی‌بن ضحاک‌بن محمود گردیزی، به تصحیح عبدالحی حبیبی، نشر دنیای کتاب، ۱۳۶۳.

۴. ***التفهیم***، تألیف ابوریحان بیرونی، تصحیح استاد جلال‌الدین همائی، انتشارات انجمن آثار ملی، ۱۳۵۷.

۵. ***احسن‌التقاسیم فی‌معرفة الاقالیم***، تألیف ابوعبدالله محمدبن احمد مقدسی، ترجمهٔ علی‌نقی منزوی، شرکت مؤلفان و مترجمان، اسفند ۱۳۶۱.

۶. ***شهرهای ایران در روزگار پارتیان و ساسانیان***، تألیف پیگولوسکایا، ترجمهٔ عنایت‌الله رضا، شرکت انتشارات علمی و فرهنگی، ۱۳۶۷.

۷. ***واژه‌نامه طبری***، تألیف دکتر صادق کیا، انتشارات دانشگاه تهران ، ۱۳۲۷.

۸. ***تقویم و تاریخ در ایران***، تألیف ذبیح بهروز، نشر انجمن ایرانویچ، ۱۳۳۱.

۹. **نوروزنامه**، منسوب به عمربن ابراهیم خیام نیشابوری، به کوشش علی حصوری، انتشارات طهوری، ۱۳۵۷.

۱۰. ***مقالات تقی‌زاده***، جلد دهم (***گاهشماری در ایران قدیم***) زیر نظر ایرج افشار، انتشارات شکوفان، ۱۳۵۷.

۱۱. ***به شاخ نباتت قسم***، (باورهای عامیانه دربارهٔ فال حافظ) زیر نظر محمود روح‌الامینی،انتشارات پاژنگ، ۱۳۶۹.

۱۲. «***تک‌نگاری، روستای ماها***»، مجلهٔ ***هنر و مردم***، از دکتر صادق کیا، سال ۱۳۴۵، شماره‌های ۴۵ و ۴۶.

---

۱. به مقالهٔ «جشن تیرگان یا آبریزگان و رد پای آن در دیگر نقاط جهان» از آندرانیک هویان، مجلهٔ ***هنر و مردم***، شمارهٔ ۱۱۰، آذر ۱۳۵۰، نگاه کنید.

۱۳. **فرهنگ بهدینان**، تألیف جمشید سروش سروشیان، چاپخانه دانشگاه تهران، ۱۳۳۵.
۱۴. **تاریخ عالم‌آرای عباسی**، تألیف اسکندربیگ منشی.
۱۵. **سفرنامه پیترو دو لا واله**، ترجمهٔ شجاع‌الدین شفا، بنگاه ترجمه و نشر کتاب، ۱۳۴۸.
۱۶. مجلهٔ هنر و مردم، مقالهٔ «جشن تیرگان یا آبریزگان و رد پای آن در دیگر نقاط جهان»، از آندرانیک هویان، شمارهٔ ۱۱۰، آذر ۱۳۵۰.
۱۷. پژوهش‌ها و گزارش‌های دانشجویان در درس‌های مردم‌شناسی
۱۸. سندها و گزارش‌های مرکز فرهنگ مردم. (ادارهٔ فعالیت‌های فرهنگی صدا و سیما)
۱۹. **لغت‌نامه دهخدا**.
۲۰. **فرهنگ معین**.

جشن سده و سده‌سوزی در کرمان

از آیین‌ها و جشن‌های کهن ایرانی، که از برگزاری آن، به گواهی کتاب‌های تاریخی و ادبی، تا پیش از دورهٔ صفویه در دستگاه‌های حکومتی و پادشاهی خبر داریم جشن سده در دهم بهمن ماه است. برگزاری این جشن و آیین که به صورت‌های پراکنده در برخی از شهرهای ایران مانده، تنها در کرمان با نام سده‌سوزی و با شرکت عمومی مردم شهر ادامه یافته، که موضوع این جستار است:

واژهٔ سده

در مطالعه و پژوهش‌های علوم اجتماعی، ریشه‌یابی، یا بحث پیرامون وجه تسمیهٔ نام‌ها، که معمولاً دربارهٔ بسیاری از آن‌ها سند و مدرک دقیقی در دست نداریم، از اهمیت و اعتباری برخوردار نیست. پرداختن به این واژه که بیش از هزار سال است توجه نویسندگان و دانشمندان را به خود جلب کرده است، صرفاً برای راه یافتن به انگیزهٔ برگزاری است.

بیشتر دانشمندان ــ به جز یکی دو مورد ــ نام سده را گرفته شده از صد

می‌دانند. ابوریحان بیرونی می‌نویسد: «...سده گویند یعنی صد و آن یادگار اردشیر پسر بابکان است و در علت و سبب این جشن گفته‌اند که هرگاه روزها و شب‌ها را جداگانه بشمارند، میان آن و آخر سال عددِ صد بدست می‌آید و برخی گویند سبب این است که در این روز زادگان کیومرث، پدر نخستین، درست صد تن شدند و یکی از خود را بر همه پادشاه گردانیدند.»[۱] و برخی برآن‌اند که در این روز فرزندان مشی و مشیانه به صد رسیدند، و نیز آمده: «شمار فرزندان آدم ابوالبشر در این روز به صد رسید.»[۲]

نظر دیگر این‌که سده معرف صدمین روز زمستان از تقویم کهن است، تقویمی که سال به دو فصل: تابستان هفت‌ماهه (فروردین تا پایان ماه مهر) و زمستان پنج‌ماهه (آبان تا پایان اسفند) تقسیم می‌شده است[۳]. و «برخی گفته‌اند که این تسمیه به‌مناسبت صد روز پیش از به‌دست آمدن محصول و ارتفاع غلات است.[۴]»

وجه تسمیه‌هایی که به عدد صد برمی‌گردد در همهٔ کتاب‌ها، مقاله‌ها و نوشته‌های کهن و تازه آمده است، ولی زنده‌یاد، استاد مهرداد بهار معتقد است که واژهٔ سده از فارسی کهن به معنی پیدایی و آشکار شدن آمده، و آن را برگزاری مراسمی به مناسبت چهلمین روز تولد

---

۱. *آثارالباقیه*، ترجمهٔ اکبر داناسرشت، انتشارات امیرکبیر، ۱۳۶۳، ص ۳۵۰ و نیز *التفهیم*، تصحیح جلال‌الدین همایی، نشر انجمن آثار ملی، ۱۳۵۷، ص ۲۵۷.

۲. *زین‌الاخبار*، تألیف عبدالحی‌بن ضحاک‌بن محمود گردیزی، به تصحیح عبدالحی حبیبی، نشر دنیای کتاب، ۱۳۶۳، ص ۵۲۵.

۳. «...شاید از جمله قرائن آن (تقسیم سال به دو فصل) جشن سده می‌باشد که بنا بر تفسیر «کتاب بی‌اسم» (کتابی از قرن پنجم)، وجه تسمیه این جشن آن است که صد روز از زمستان (یعنی از اول آبان تا دهم بهمن) گذشته است...». (*گاهشماری در ایران قدیم*، تألیف تقی‌زاده (جلد دهم مقالات)، زیر نظر ایرج افشار، انتشارات شکوفان، ۱۳۵۷، ص ۴۴.)

۴. *التفهیم*، ص ۲۵۷، تحشیهٔ جلال‌الدین همائی.

خورشید (یلدا) دانسته و می‌نویسد:

... جشن سده سپری شدن چهل روز از زمستان و دقیقاً در پایان چله بزرگ قرار دارد. البته به جشنی دیگر نیز که در دهم دی‌ماه برگزار می‌شده و کمابیش مانند جشن سده بوده، توجه کنیم، که طی آن نیز آتش‌ها می‌افروختند. اگر نخستین روز زمستان را ـ پس از شب یلدا ـ تولدی دیگر برای خورشید بدانیم، جشن گرفتن در دهمین و چهلمین روز تولد، آیین کهن و زنده‌ایست (در همهٔ استان‌های کشور و سرزمین‌های ایرانی‌نشین، دهم و چهلم کودک را جشن می‌گیرند) و این واژه «Sadā» (اسم مؤنث) که به معنی پیدایی و آشکار شدن است در ایران باستان Sadok و در فارسی میانه Sadag بوده، و واژه عربی «سذق» و «نوسذق»[1] از آن آمده است[2].

پیشینهٔ اسطوره‌ای پیدایش آیین و جشن سده

از اسطوره‌ها و داستان‌هایی که دربارهٔ جشن سده آمده، تنها یکی از آن‌ها به شیوهٔ پیدایش آتش پرداخته است. فردوسی، زنده‌کننده و زنده‌دارندهٔ تاریخ و فرهنگ اساطیری، آورده است که: هوشنگ پادشاه پیشدادی، که شیوهٔ کشت و کار، کندن کاریز، کاشتن درخت، پوشیدن لباس، ساختن مسکن و... را به او نسبت می‌دهند[3]، روزی در دامنهٔ کوه،

---

۱. «نوسذق» معرب «نوسده»، نام پنجمین روز بهمن که با مراسمی به پیشواز سده می‌رفتند.

۲. **جستاری چند در فرهنگ ایران**، از دکتر مهرداد بهار، انتشارات فکر روز، ۱۳۷۳، ص ۲۳۵ و ۲۳۶.

۳. به **شاهنامه** فردوسی، جلد اول، و **غرر اخبار ملوک فرس**، از ثعالبی، تهران، نشر ابدی، ۱۳۴۲، مراجعه شود.

ماری «سیه‌رنگ و تیره‌تن و تیزتاز» دید، سنگی برگرفت و به‌سوی مار انداخت، مار فرار کرد و آن سنگ بر سنگ کوه خورد، جرقه‌ای زد و آتش پدیدار شد:

فروغی پدید آمد از هر دو سنگ — دل سنگ گشت از فروغ آذرنگ
نشد مار کشته ولیکن ز راز — پدید آمد آتش از آن سنگ باز
شب آمد برافروخت آتش چو کوه — همان شاه در گردِ او با گروه
یکی جشن کرد آن شب و باده خورد — «سده» نام آن جشن فرخنده کرد[۱]

تقریباً، در همین زمان (اواخر قرن چهارم هجری)، ابوریحان بیرونی در *التفهیم* —و نیز در *آثارالباقیه*— پیدایش جشن سده و افروختن آتش را بدان می‌داند که:

...و اما سبب آتش کردن و برداشتن آن است که بیوراسب توزیع کرده بود بر مملکت خویش، دو مرد هر روزی تا مغزشان بر آن دو ریش نهادندی که بر کتف‌های او برآمده بود. و او را وزیری بود نامش ارمائیل، نیک‌دل و نیک‌کردار، از آن دو تن یکی را زنده یله کردی و پنهان او را به دماوند فرستادی. چون افریدون او را بگرفت سرزنش کرد. و این ارمائیل گفت توانائی من آن بود که از دو کشته یکی را برهاندمی. و جمله ایشان از پس کوه‌اند. پس با وی استواران فرستاد تا بدعوی او نگرند. او کسی را پیش فرستاد و بفرمود تا هر کسی بر بام خانه خویش آتش افروختند. زیراک شب بود و خواست تا بسیاریِ ایشان پدید آید...[۲]

---

۱. به *شاهنامه* فردوسی، چاپ امیرکبیر (شاهنامه ژول مول)، ۱۳۶۳، جلد اول، ص ۱۹، مراجعه کنید.

۲. *التفهیم*، ص ۸ - ۲۵۷، فردوسی نیز داستان نجات یافتن یکی از دو قربانی ضحاک مار دوش را در روز آورده، بدون آنکه به آتش افروختن آنان بر بام خانه اشاره کند. به روایت *شاهنامه*، کردها از «تخمه» و نژاد آن نجات یافتگان‌اند:

←

و نیز بی‌آن‌که به پیدایش آتش اشاره کند، می‌نویسد: «...و جمعی برآنند که این روز عید هوشنگ پیشدادی است که تاج عالم را به‌دست آورد.»[۱] و «...دسته‌ای هم گفته‌اند در این روز جهنم از زمستان به دنیا بیرون می‌آید. از این‌رو آتش می‌افروزند تا شر آن برطرف گردد.»[۲]

نوروزنامه در برگزاری جشن سده آورده است: «افریدون (...) همان روز که ضحاک را بگرفت و ملک بر وی راست گشت جشن سده بنهاد و مردمان که از جور و ستم ضحاک برسته بودند، پسندیدند، و از جهت فال نیک آن روز را جشن کردندی و هر سال تا به امروز، آیین آن پادشاهان نیک عهد در ایران و توران به‌جای می‌آورند.»[۳]

برگزاری جشن سده

برگزاری جشن سده، یا به عبارتی دیگر، آگاهی از برگزاری جشن سده را می‌توان به سه دوره تقسیم کرد:

الف) **پیش از اسلام**: از ادبیات پیش از اسلام سندی که گواه برگزاری جشن سده باشد در دست نیست، فردوسی این برگزاری را از زمان هوشنگ می‌داند (ز هوشنگ ماند این سده یادگار)[۴]، ابوریحان بیرونی و صاحب ***نوروزنامه*** به فریدون نسبت می‌دهند. همچنین رسمی شدن جشن سده به زمان اردشیر بابکان منسوب گردیده است[5]. ولی در هیچ‌یک از

←

کنون گُرد از آن تخمه دارد نژاد — کز آبا، نیاید بدل برش یاد

(***شاهنامه***، ج، ۱ ص ۳۶).

۱. ***آثارالباقیه***، ص ۳۵۰. ۲. ***همان‌جا***.

۳. ***نوروزنامه***، منسوب به عمربن ابراهیم خیام نیشابوری، به کوشش علی حصوری، ناشر کتابخانه طهوری، ۱۳۵۷، ص ۱۹، قیام کاوه و گرفتن ضحاک را در مهرگان نیز آورده‌اند. ۴. ***شاهنامه***، ج اول، ص ۲۰.

5. دکتر مهرداد بهار در کتاب ***جستاری چند در فرهنگ ایران*** (ص ۲۲۵)، به نقل از ←

این سندها به شیوهٔ برگزاری جشن اشاره نشده است.

ب) **بعد از اسلام:** مورخان و نویسندگانی چون بیرونی، بیهقی، گردیزی، مسکویه و دیگران از شیوهٔ برگزاری جشن سده، در دوران غزنویان، سلجوقیان، خوارزمشاهیان، آل زیار (و داستان مردآویچ که در پایان روزی که جشن سدهٔ باشکوهی ترتیب داده بود، به‌دست مخالفان خود کشته شد) و ... تا دورهٔ مغول بسیار نوشته‌اند. البته آگاهی‌ای که دربارهٔ برگزاری این جشن به ما رسیده، مانند هر آگاهی دیگر (فرهنگی، اجتماعی، اقتصادی و...) مربوط به دستگاه پادشاهان و امیران است. و از رسم و آیین‌های عامهٔ مردم سندی در دست نداریم. در حضور شاهان، چنان‌که رسم شعرخوانی بود، شاعرانی چون، عنصری، فرخی منوچهری، عسجدی و بسی دیگر از شاعران در توصیف و تعریف کمیت و کیفیت آتش سده، داد سخن داده‌اند و نیز از پرندگان و جانورانی که به آتش می‌انداختند، یاد کرده‌اند، که در این‌جا فقط به دو برگزاری جشن سده در دستگاه غزنویان اشاره می‌شود:

> ... آتش افروزند تا شر آن (جهنم) برطرف گردد، و گیاه خوشبو تبخیر می‌کنند تا مضرات آن را برطرف کنند. در خانه ملوک رسم شده که آتش بیفروزند و چون شعله‌ورگردد، جانوران وحشی را به آتش می‌اندازند و مرغ‌ها را در شعله آن می‌پرانند و در کنار این آتش می‌نشینند، و به لهو و لعب مشغول می‌شوند.[1]

ابوالفضل بیهقی برگزاری سده را در زمان سلطان مسعود ــ که خود شاهد بوده ــ بیان می‌کند:

← ***آثارالباقیه*** آورده: «... این جشن تنها از دوره اردشیر بابکان در عداد عیدهای رسمی درآمد»، ولی نگارنده این مطلب را در ***آثارالباقیه*** نیافتم.

۱. ***آثارالباقیه***، ص ۳۵۱؛ ابوریحان در ***التفهیم*** (ص ۲۵۷) افزوده است که هیزم آن از بُته گز و شاخه‌های بادام است، و گروهی از آن آتش می‌گذرند.

...امیر فرمود تا سراپرده بر راه مرو بزدند، بر سه فرسنگی لشکرگاه. و سده نزدیک بود. اشتران سلطانی را، و از آن همه لشکر، به صحرا بردند و گز کشیدن گرفتند تا سده کرده آید، و پس از آن حرکت کرده آید و گز می‌آوردند و در صحرائی که جوی آب بزرگ بود، پر از برف، می‌افکندند، تا به بالای قلعتی برآمد و چارطاق‌ها بساختند از چوب، سخت بلند و آن را به گز بیاکندند و گز دیگر جمع کردند که سخت بسیار بود و بالای کوهی بر آمده و اَله (عقاب) بسیار و کبوتر. آن‌چه رسم است از دارات این شب به‌دست کرد.(...) و سده فراز آمد. نخست شب امیر بر آن لب جوی آب که شراعی زده بودند، به‌نشست و ندیمان و مطربان بیامدند. و آتش به هیزم زدند و پس از آن شنودم که قریب ده فرسنگ فروغ آن آتش بدیده بودند، و کبوتران نفت (در متن نفط) اندود، بگذاشتند و ددان برف‌اندود آتش زده، دویدن گرفتند و چنان سده‌ای بود که دیگر آن‌چنان ندیده بودم. و آن به خرمی به‌پایان آمد.[۱]

ج) **در عصر حاضر**: از دوران صفویه و پس از آن، سند و نوشته‌ای که از برگزاری جشن سده در دستگاه‌های رسمی و حکومتی حکایت کند در دست نیست. ولی برگزاری پراکندهٔ **سده‌سوزی** در برخی آبادی‌ها دیده می‌شود، که بی‌گمان از کهن‌ترین زمان‌ها باقی مانده است.

تا آن‌جا که می‌دانیم، در مازندران، کردستان، لرستان، سیستان و بلوچستان، روستاییان و کشاورزان و چوپانان و چادرنشینان نزدیک غروبِ یکی از روزهای زمستان (آغاز نیمه یا پایان زمستان) روی

---

۱. **تاریخ بیهقی**، تألیف ابوالفضل محمدبن حسین بیهقی، تصحیح دکتر علی اکبر فیاض، نشر دانشگاه فردوسی، ۱۳۵۶، ص ۵۷۱ و ۵۷۲.

پشت‌بام، دامنهٔ کوه، نزدیک زیارتگاه (گذر یا گور «پیر»)، کنار چراگاه و یا کشتزار آتشی افروخته و، بنابر سنتی کهن، پیرامون آن گرد می‌آیند؛ بدون آن‌که نام جشن سده بر آن نهند.

ولی در کرمان و برخی شهرهای آن استان، جشن سده یا به گفتهٔ کرمانی‌ها **سده‌سوزی** برگزار می‌شود، و «...این رسم از دیرباز در کرمان برجای مانده و تا آن‌جا که پیران سالخورده از نیاکان و پدران خود بیاد دارند، همه‌ساله در روز دهم بهمن ماه برگزار می‌شود»[۱]

در بین چادرنشینان بافت و سیرجان **سده‌سوزی چوپانی** برگزار می‌شود[۲]. و نیز «در آبادی بلوک از دهستان اسماعیلی شهرستان جیرفت که یکی از منزل‌های ایل راه سلیمانی‌ها است، شب دهم بهمن آتش بزرگی به نام آتش سده، با چهل شاخه از درختان هرس شده باغ‌ها به نشان چهل روز «چله بزرگ» در میدان ده، برمی‌افروزند و از روی آن می‌پرند و می‌خوانند: سده، سده دهقانی / چهل کُنده سوزانی / هنوز گوئی زمستانی.»[۳]

جشن سده و کیش زردشتی

در قرن حاضر، که آگاهی بیشتری در دست است، برگزاری جشن سده در گردهمایی زردشتیان انجام می‌پذیرد. ولی، چنان‌که از کتاب‌ها و سندهای تاریخی و اسطوره‌ای برمی‌آید، پیدایش و برگزاری این جشن جنبهٔ دینی نداشته است. داستان هوشنگ و فرار مار و پیدایش آتش یا

---

۱. ***مراسم مذهبی و آداب زردشتیان***، تألیف موبد اردشیر آذرگشسب، انتشارات فروهر، ۱۳۵۸، ص ۲۵۳.

۲. مقالهٔ «آیین‌های زایش و رویش در جنوب کرمان» از عباس عبدالله گروسی، ***نشریهٔ دانشکدهٔ ادبیات و علوم انسانی***. دانشگاه باهنر کرمان، دورهٔ اول، شمارهٔ ۱، بهار ۱۳۶۹، ص ۹۴.

۳. ***همان***، ص ۹۶.

داستان فریدون و آرمائیل و فرار قربانیان ضحاک و داستان‌های دیگری که دربارهٔ پیدایش این جشن و نام سده آمده، تمامی آن‌ها غیردینی است. در شیوهٔ برگزاری جشن نیز که کتاب‌های تاریخی متعددی بیان داشته‌اند، در دستگاه پادشاهان (پیش از اسلام و بعد از اسلام)، نشانی از دستور و آیین دینی زردشتی دیده نمی‌شود. دکتر مهرداد بهار در این زمینه می‌نویسد:

> ... تا آن‌جا که از اساطیر و متون ایران باستان و میانه برمی‌آید، سده از جمله آیین‌هایی نبوده است که در ایران باستان و در ادبیات زردشتی اعصار کهن رسمیتی داشته باشد. در اوستا و نوشته‌های پهلوی از آن ذکری نرفته است (...) ولی می‌توان باور کرد که خود آیینی بس کهن بوده.[۱]

اگر روایت‌های مورخان، دربارهٔ برگزاری جشن سده، ملاک قرار داده شود، رسم‌هایی چون سوزاندن کبوتران و پرندگان و جانوران، که در حضور شاهان انجام می‌گرفت، به هیچ‌روی با دین و آیین زردشتی سازگاری ندارد. در *اوستا* آمده: «... ای مزدا، نفرین تو به کسانی باد که با آموزشِ خود مردم را از کردار نیک روگردان می‌سازند و به کسانی که جانوران را با فریاد شادمانی قربان می‌کنند...»[۲]

دربارهٔ جشن سده، نه در نوشته‌های کهن زردشتی اشاره‌ای شده (چنان‌که آمد) و نه از برگزاری آن در آتشکده‌ها آگاهی داریم. در کتاب ***آیینه آیین مزدیسنی***[۳]، در مبحث جشن‌ها، از سده و مهرگان سخن نرفته است. و در کتاب ***مراسم مذهبی و آداب زردشتیان***[۴] جشن سده (و نیز نوروز)

---

۱. **جستاری چند در فرهنگ ایران**، ص ۲۲۵.

۲. ***گات‌ها***، به کوشش موبد فیروز آذرگشسب، انتشارات فروهر، ۱۳۵۷، ص ۲۹.

۳. ***آینه آیین مزدیسنی***، نگارش کیخسرو شاهرخ، چاپ آفتاب، ۱۳۳۷.

۴. ***مراسم مذهبی و آداب زردشتیان***، نوشتهٔ موبد اردشیرآذرگشسب. انتشارات فروهر، ۱۳۵۸، ص ۲۴۱ به‌بعد.

در شمار جشن‌های متفرقه آمده است.

این‌که برخی از مسلمانان و نیز زردشتیان جشن سده را از مناسک و آیین‌های دینی زردشتیان دانسته‌اند، می‌تواند به این علت باشد که احترام به آتش و کوشش در پاکیزه داشتن و نیالودن آن در همهٔ کتاب‌های دینی زردشتیان سفارش شده، در *اوستا* دارای حرمت زیاد است، در آتشکده رو به آتش مقدس نیایش می‌کنند[۱] و در ادبیات فارسی «آتش» و «زردشتی» به هم پیوسته است، از جمله این شعر حافظ:

به باغ زنده کن آیین و دین زردشتی کنون که لاله برافروخت آتش نمرود

این زمینه‌ها می‌تواند علت عمدهٔ این انتساب باشد. البته علت‌های دیگر نیز وجود دارد.

خانم مری‌بویس[۲] شرق‌شناسی که در ادبیات و فرهنگ کهن ایران و کیش زردشتی متبحر و صاحب‌نظر است، می‌نویسد:

... جشن‌سده که با زردشتی همخوانی دارد، ظاهراً در آغاز، جشنِ آتش بوده (در میان سایر ملت‌ها نیز فراوان دیده می‌شود) که در میانه زمستان به این نیت برگزار می‌شود، تا نیروهای سرما و تاریکی را عقب زده، خورشید را مدد دهند، تا دوباره نیرومند شود. (...) یکی از هدف‌های این جشن گرم کردن آب‌ها بود، تا دیو یخ‌بندان نتواند آب‌ها را منجمد کرده و دنیا را در چنگال مرگ‌آور خود بفشارد...[۳]

---

۱. آتشکده برای نگهداری آتش، پیش از زردشت نیز وجود داشته. مقدسی از ده آتشکدهٔ بزرگ پیش از ظهور زردشت نام می‌برد، و بنای نخستین آتشکده را به فریدون نسبت می‌دهد. (*مروج‌الذهب*، ج اول، ص ۶۰۲).

۲. Marry Boyce، استاد ممتاز مطالعات ایرانی در دانشگاه لندن.

۳. *تاریخ کیش زردشت*، مری‌بویس، ترجمهٔ همایون صنعتی‌زاده، انتشارات توس، ←

بایستی بر این باور باشد که یکی از موبدان می‌نویسد:

«... خوب است به‌بینیم زردشتیان، که وارث حقیقی این سنن باستانی هستند،[۱] در این مورد چگونه عمل نموده‌اند». متأسفانه باید اقرار نماییم که تا آن‌جایی که اطلاعات ناقص ما می‌رسد، به‌جز زردشتیان کرمان که از قدیم این جشن باستانی را به‌خوبی برپا می‌داشتند، در سایر نقاط زردشتی‌نشین از این جشن اثری نبود. در هر حال این رسم از دیرباز در کرمان برجای مانده و تا آن‌جایی که پیران سالخورده از نیاکان و پدران خود به‌یاد دارند، همه‌ساله در روز دهم بهمن‌ماه برگزار می‌شود...[۲]

شاید نیازی به گفتن نباشد که وارث حقیقی جشن سده (جشن پیدایش آتش) و نیز نوروز و مهرگان همهٔ ایرانیانند. میراثی که، از نظر زمانی، پیشینه‌اش از دیانت اسلام و مسیحی و یهودی و زردشتی فراتر می‌رود. میراثی که به بسیاری از کشورهای همسایه نیز راه یافت. میراثی که همهٔ کرمانیان آن را از خود می‌دانند.

اگر یکی از روحانیان و دانشمندان بزرگ، مرحوم مجدالاسلام کرمانی، قصیده‌ای برای این جشن می‌سراید، بی‌گمان به ایرانی و باستانی بودن آن می‌اندیشد:

شد موسم جشن سده ساقی بیا و می بده
و از آبِ آتش‌سان رسان ما را به نار موقده

← ۱۳۷۴، ص ۲۴۱. (نگارنده در زمینه‌هایی با وی اتفاق نظر ندارد، با این‌که از نوشته‌ها و کتاب‌هایش فراوان آموخته و بهره برده است)

۱. البته چنین نیست، بلکه وارث حقیقی سنت‌های باستانی (سنت‌های غیردینی) همهٔ ایرانیانند. از هر دین و مذهب که باشند.

۲. *مراسم مذهبی و آداب زردشتیان*، موبد اردشیرآذرگشسب، ص ۲۵۳.

بر ما خدا از مکرمت فرموده آتش مرحمت
کاین نار پر نور و صفا دارد هزاران فایده
زین آخشیج پربها، زین نعمت نقمت‌نما
روشن شده تاریک‌ها، ظلمت شده آتشکده
هان ای نگار مهوشم، آبی بزن بر آتشم
من با چنین آبی خوشم همچون یهود از مائده[1]

سده‌سوزی در کرمان

گفته آمد که امروز تنها در کرمان است که برگزاری جشن و آیین سده جنبهٔ عام دارد. شاید این پرسش پیش آید، که آیا برگزاری جشن سده در کرمان تداوم رسمی کهن است، یا در قرن اخیر دوباره رواج یافته؟

همگانی بودن آیین سده‌سوزی، در بین همهٔ قشرهای اجتماعی و دینی و شغلی کرمان، و دلبستگی و توجه صمیمانهٔ همهٔ آنان به مشارکت در آیین سده‌سوزی، معرف پیشینهٔ کهنسالی و دیرپایی آن است. و این رسم نمی‌تواند ــ بنابر یک فرض ــ پس از دوره و سلسلهٔ صفوی دوباره رونق یافته باشد. و بی‌گمان از آیین همگانی و کهن منطقه است.

جشن و آیین **سده‌سوزی کرمان** ــ و تا آن‌جا که اطلاع داریم تنها در کرمان ــ رسمی است عمومی که همهٔ مردم شهر، اعم از زردشتی، یهودی، مسیحی و مسلمان، ثروتمند و فقیر، کارمند و کاسب در آن شرکت می‌کنند. این سده‌سوزی را می‌توان **جشن کرمان** نامید.

نگارنده، از نخستین مشاهده و مشارکتش در آیین سده‌سوزی (زمانی که از کوهبنان به کرمان آمد) نزدیک به پنجاه سال می‌گذرد، تا این زمان،

---

۱. اشاره به مائده (غذا)ی آماده است که خداوند برای قوم یهود از آسمان می‌فرستاد و آنان بر غذا ایراد گرفتند و فرستادن غذا متوقف شد.

هرگاه که بهمن ماه در کرمان بوده، مانند دیگر مردم در آیین سده‌سوزی شرکت کرده است (که آخرین آن بهمن ماه ۱۳۷۱ بود) و در این جستار می‌کوشد شرح «مشاهده و مشارکت» خود را از برگزاری سده‌سوزی کرمان عرضه بدارد.

زمان برگزاری

سده را روز دهم بهمن‌ماه نزدیک غروب آفتاب می‌سوزانند. ولی تدارک برگزاری، چندین روز پیش از آن آغاز می‌شود. سال‌های پیش که هنوز شیوهٔ کشاورزی سنتی و استفاده از الاغ در حمل بار و هیزم مرسوم بود، از اول بهمن ماه باغداران و مالکان زمین‌های کشاورزی محل ــ که بیشتر زردشتی بودند ــ به‌تدریج، هریک به قدر همت و ثروت چندبار هیزم (هیمه، و به اصطلاح محلی دُرمون) که از بیابان و کوهستان‌های کوهپایه جمع‌آوری می‌شد، می‌دادند، تا روز نهم بهمن به محل سده بیاورند[۱]. دست‌فروشان نیز تا روز نهم، محل گستردن بساط خود را معین می‌کردند.

مکان برگزاری

در یک فرسنگی شمال شهر کرمان (تقریباً شش کیلومتری)، بعد از ویرانه‌های محلهٔ قدیم زردشتیان، معروف به «محله گبری» در زمین‌های وسیع کشاورزی، تنها یک باغ معروف به «باغچه بداق‌آباد» بود، با دیوارهای بلند و دو دستگاه بنا (در شمال و جنوب باغ) و زیارتگاه «شاه مهرایزد» (زیارتگاه زردشتیان). مراسم سده‌سوزی روبروی در باغ در

---

۱. امروز نه زمین کشاورزی در آن نزدیکی‌ها مانده و نه الاغ و چاروادری به‌آسانی یافت می‌شود، و نه جنگل‌بانان اجازهٔ کندن «بته» می‌دهند. برای سده‌سوزی، بایستی هیزم را از فاصله‌های دور با وانت‌بار و کامیون آورد.

زمین‌های کشاورزی که در این فصل سال بهره‌وری نداشت برگزار می‌شد. مالکان از این‌که سده‌سوزی روی زمین‌های کشاورزی آنان انجام می‌گرفت استقبال می‌کردند، زیرا نه تنها زیانی به کشت و کار آینده نمی‌زد، بلکه خاکستری که در زمین‌ها پراکنده می‌شد، کودی سودمند بود.

در سال‌های اخیر، گسترش شهر و افزایش جمعیت و خانه‌سازی «باغچه بداق‌آباد» را نیز در بر گرفت، و زمین‌های کشاورزی پیرامون آن به خانه و دکان و خیابان تبدیل گردید. و تنها قطعه زمینی محصور به وسعت هشت‌هزار متر مربع، که پهنای کوچه‌ای آن را از باغچه بداق‌آباد جدا می‌کند، باقی مانده، و سده‌سوزی سالانه در این زمین، که خیابان نزدیک آن به «خیابان سده» نامیده شده، برگزار می‌شود.

از آن‌جا که سده‌سوزی، در این زمین محصور باعث می‌شود که در آن روز ازدحام جمعیت، شعلهٔ آتش، حرارت و دوده برای ساکنان محله نوبنیاد مزاحمت ایجاد کند، برگزارکنندگان و انجمن زردشتیان کرمان، در نظر دارند که محل سده‌سوزی را به «بابا کمال»، زیارتگاه و گردشگاه خانواده‌های زردشتی، در شش کیلومتری محدوده فعلی شهر منتقل کنند.

با پرسشی که از ساکنان چند خانهٔ نوساز محله، که همه مسلمان بودند، به عمل آمد، ضمن اظهار ناراحتی می‌گفتند: «زمانی که در این جا خانه می‌ساختیم، می‌دانستیم که نزدیک محل سده‌سوزی هستیم». ناراحتی برخی از آنان پیش از آن‌که از دود و حرارت و آتش باشد، از مزاحمت‌هایی بود که آشنایان و غیرآشنایان برای تماشا و بهتر دیدن سده‌سوزی به پشت‌بام و ایوان طبقهٔ دوم خانهٔ آنان، فراهم می‌آوردند.

شرکت‌کنندگان

زردشتیان کرمان، که محله، دبستان، دبیرستان، دروازه، معبد، زیارتگاه، درمانگاه، ورزشگاه، گردشگاه، و بالأخره جامعهٔ فرهنگی ویژهٔ

خود را دارند، با این‌که شمار زیادی از آنان به تهران یا به خارج از ایران مهاجرت کرده‌اند، همچنان برگزارکنندهٔ مراسم سده‌سوزی هستند. امروز جمعیت زردشتیان کرمان نزدیک به ۱۱۰۰ نفر است، و تقریباً همهٔ آنان در جشن سده شرکت می‌کنند[۱].

محل تجمع زردشتیان در باغچه بداق‌آباد است. تعدادی از خانواده‌های زردشتی که در تدارک مراسم‌اند، از روز نهم به آن‌جا آمده و شب را نیز در کنار زیارتگاه می‌گذرانند. و در هنگام آتش زدن سده، زنان برای تماشا به پشت‌بام اتاق‌های باغچه رفته و مردان از باغچه بیرون آمده و به جمعیت شرکت‌کننده می‌پیوندند.

بیشترین شرکت‌کنندگان در آیین سده‌سوزی کرمان را مسلمانان تشکیل می‌دهند. آنان تا خانه‌سازی نشده بود از ساعت‌های نخست بعدازظهر، بیرون باغچه در دامنهٔ صحرا و کنار کشتزار، به‌صورت گروهی یا با خانواده فرش انداخته می‌نشستند و تا ساعتی که سده را بسوزانند با چای و آجیل و صحبت سرگرم می‌شدند. امروز که فضای کشتزار و دامنهٔ صحرا جای خود را به خیابان‌بندی و کوچه و ساختمان‌های چند طبقه داده، تنها چند ساعتی پیش از سده‌سوزی تجمع مردم در خیابان سده به‌چشم می‌خورد.

روز دهم بهمن، از ظهر سیمای شهر کرمان تغییر می‌کند، دکان‌ها به‌تدریج بسته می‌شود، پاسبانان و نگهبانان سواره[۲] و پیاده در مسیرها مستقر می‌شوند. رسانه‌های گروهی، رادیو و تلویزیون از چند روز پیش اجرای مراسم را یادآوری می‌کنند. دبستان‌ها و دبیرستان‌ها

---

۱. کسانی که نمی‌توانستند به جشن سده بیایند، در پشت‌بام‌ها آتش می‌افروختند، گویا امروز این کار به‌ندرت دیده می‌شود.

۲. تا زمانی که صحرا و کشتزار دامن برنچیده بود، پاسبانانِ سوار، اسب داشتند و امروز اتومبیل.

بعدازظهر تعطیل می‌شود[۱].

یهودیان کرمان ـ که در گذشته بسی بیشتر بودند ـ و نیز چند خانوادهٔ ارمنی و آسوری مقیم کرمان، در جشن و آیین سده شرکت می‌کنند.

کوتاه سخن آن‌که، اجرا کنندگان آیین سده در کرمان زردشتیان‌اند و شرکت‌کنندگان در مراسم به ترتیب فراوانی؛ مسلمانان، زردشتیان، یهودیان و اقلیت‌های دیگر ساکن کرمان‌اند.

افزون بر مردم شهر، از حومه و شهرهای نزدیک نیز برای شرکت در سده‌سوزی می‌آیند. تا زمانی که کشاورزی به شیوهٔ سنتی رایج بود، برزگران یا «زعیم»ها (در کرمان به برزگر زعیم می‌گویند) که معتقد بودند با سوزاندن سده، ستارهٔ گرما به زمین می‌آید، در مراسم شرکت می‌کردند. و گویا آن‌ها حتی یک شاخه هم که شده، هیزم با خود می‌آوردند، تا با رضایت‌خاطر مشتی خاکستر سده را همراه برده و در کشتزارشان بپاشند.

از شمار شرکت‌کنندگان در جشن سده آماری در دست نداریم؛ در سال ۱۳۶۲ روزنامه‌ها و دیگر رسانه‌های گروهی شمار شرکت‌کنندگان را بیش از ده هزار نفر اعلام کردند.

خوراک

معمولاً هر جشن و آیینی با مهمانی دادن، غذا خوردن، وگاه با غذایی ویژه همراه است. روز سده، زنان زردشتی، در مطبخ (آشپزخانه)

---

۱. معمولاً در دبیرستان‌های کرمان یادآور می‌شوند که در روز سده دانش‌آموزان نباید از صبح کلاس‌ها را تعطیل کنند و خواسته می‌شود که صبح آن روز حتماً در کلاس درس حاضر شوند.

بزرگ باغ بداق‌آباد، آش و سیرو[۱] می‌پزند. گرد آمدن خانواده‌ها در صفّهٔ باغ و خوردن آش و سیرو و آجیل بخشی از مراسم این روز است[۲]. مفرش (کیسه) آجیل (تخمه، پسته، مغز بادام، فندق و...) را هم خانوادهٔ زردشتی و هم خانواده‌های مسلمان، در حاشیهٔ انتظار سده‌سوزی با خود دارند. فروشندگان دوره‌گرد در کنار میوه و آشامیدنی، آجیل نیز در بساط خود عرضه می‌دارند. شب پیش از سده و نیز ظهر روز سده انجمن زردشتیان جمعی را به‌باغچه بداق‌آباد دعوت می‌کند، در این ضیافت‌ها غذایی که اختصاص به جشن و آیین سده باشد وجود ندارد.

پوشاک

تا زمانی که سده‌سوزی در فضای گستردهٔ صحرا انجام می‌شد، و دیدار آشنایان و به اصطلاح «رابطه‌های چهره به چهره» بیشتر بود، توجه به آرایش و لباس‌های شاد به چشم می‌خورد. نمایشگران و سوارکاران زردشتی و مسلمان، که در حاشیهٔ مراسم هنرنمایی می‌کردند، معمولاً لباس‌های «چشمگیر» می‌پوشیدند. گرچه پوشاک زنان زردشتی (چارقد بلند «مکنو»، شلوار و پیراهن از پارچه‌های رنگین و گلدار) از پوشاک دیگر زنان شرکت‌کننده متمایز بود، ولی اختصاص به جشن سده نداشت، و هنوز هم در شهرهای زردشتی‌نشین دیده می‌شود[۳].

---

۱. سیرو (سیرک به لهجهٔ یزدی) نوعی نان است که در تابه و با روغن کنجد پخته و تا گرم است روی آن شکر، یا شیرینی دیگر می‌ریزند. و مسلمانان به آن «روغن جوشی» گویند.

۲. زردشتیان به مناسبت‌های دیگر نیز آش و سیرو می‌پزند.

۳. در یزد، به‌ویژه در شهرها و آبادی‌های اردکان، میبد، حسن‌آباد و مزرعه کلانتر، زنان

←

روند سوزاندن

سده؛ خرمن بزرگی از هیزم (عامه «کوه هیمه»اش نامند) به قطر ۱۲ تا ۱۴ و بُه بلندای ۵ تا ۶ متر در جلو باغچه بداق‌آباد به صورت مخروط از پیش آماده شده است.

نزدیک غروب دوموبد، لاله به‌دست، با لباس سفید ــکه پوشاک رسمی روحانیان زردشتی در اجرای آیین‌های دینی است[1] ــ از باغچه بیرون آمده، زمزمه‌کنان به سده نزدیک و از سمت راست سه بار گِرد آن می‌گردند. سپس این خرمن هیزم را، با شعلهٔ لاله‌ها ــکه روشنی آن‌ها از آتشی است که بامداد از آتشکده آورده شده ــ از چهار سو آتش می‌زنند[2]. شعله‌های آتش و نیز هلهلهٔ شادی شرکت‌کنندگان در فضا می‌پیچد. ساعت‌ها طول می‌کشد تا شعله‌ها و حرارت آتش فروکش کند، و مردم ــبه‌ویژه نوجوانان و جوانان ــ بتوانند برای پریدن از روی آتش بته‌های پراکنده نزدیک شوند. در گذشته اسب‌سوارانی که منتظر فروکش کردن شعله‌ها بودند، زودتر از دیگران «خود را به آب و آتش زده» و هنرنمایی می‌کردند. کشاورزان می‌کوشیدند مقداری از خاکستر سده را برداشته و به نشانهٔ پایان یافتن سرمای زمستان، گرما را به کشتزار خود ببرند.

شرکت‌کنندگان کم‌کم به خانه برمی‌گشتند، ولی جوانانی که تا

← زردشتی پوشاک سنتی خود را حفظ کرده‌اند، ولی در شهرهای کرمان، شیراز و تهران به‌ندرت حفظ شده است.

۱. تا زمان قاجاریه مردان زردشتی حق نداشتند لباس تیره‌رنگ بپوشند. پوشاک آنان می‌بایستی به رنگ سفید یا شیری باشد. مظفرالدین شاه با فرمانی این قانون را لغو کرد (شرح فرمان را در کتاب تاریخ ***زردشتیان کرمان در این چند سده***، نشر و نگارش جمشید سروشیان، ۱۳۶۰، بخوانید)

۲. سالی را به یاد دارم که در شب جشن سده برف زیادی بارید و هیمه‌ها خیس شد. با ریختن مقداری نفت پیرامون خرمن هیزم، سده را آتش زدند.

نیمه‌های شب در پیرامون سده می‌ماندند کم نبودند[1]. در این شب، ستارهٔ گرما به زمین می‌آید.

منابع:

۱. **آثارالباقیه**، تألیف ابوریحان بیرونی، ترجمهٔ اکبر داناسرشت، انتشارات امیرکبیر، ۱۳۶۳.

۲. **التفهیم**، تألیف ابوریحان بیرونی، تصحیح جلال‌الدین همائی، نشر انجمن آثار ملی، ۱۳۵۷.

۳. **زین‌الاخبار**، تألیف عبدالحی‌بن ضحاک‌بن محمود گردیزی، به تصحیح عبدالحی حبیبی، نشر دنیای کتاب، چاپ دوم، ۱۳۶۳.

۴. **گاهشماری در ایران قدیم**، تألیف حسن تقی‌زاده، (مقالات جلد دهم)، زیر نظر ایرج افشار، انتشارات شکوفان، ۱۳۵۷.

۵. **جستاری چند در فرهنگ ایران**، از دکتر مهرداد بهار، انتشارات فکر روز، ۱۳۷۳.

۶. **شاهنامه فردوسی**، جلد اول، داستان هوشنگ.

۷. **غرر اخبار ملوک فرس**، تألیف ابومنصور ثعالبی، نشر اسدی، ۱۳۴۲.

۸. **نوروزنامه**، منسوب به عمربن ابراهیم خیام نیشابوری، به کوشش علی حصوری، نشر کتابخانه طهوری، ۱۳۵۷.

۹. **تاریخ بیهقی**، تألیف ابوالفضل محمدبن حسین بیهقی، تصحیح دکتر علی‌اکبر فیاض، نشر دانشگاه فردوسی.

۱۰. **مراسم مذهبی و آداب زردشتیان**، تألیف موبد اردشیرآذرگشسب، انتشارات فروهر، ۱۳۵۸.

۱۱. مقالهٔ *«آیین‌های زایش و رویش در جنوب کرمان»* از عباس عبدالله گروسی، نشریه دانشکده ادبیات دانشگاه باهنر کرمان، شماره ۱، ۱۳۶۹.

۱۲. **گات‌ها**، به کوشش موبد فیروز آذرگشسب، انتشارات فروهر، ۱۳۵۷.

۱۳. **آیینه آیین مزدیسنی**، نگارش کیخسرو شاهرخ، چاپ آفتاب، ۱۳۲۷.

---

۱. هجوم نوجوانان و جوانان به سوی آتش، که گاه با پرتاب سنگ نیز همراه بود، هرساله چندین دست و پا سوختگی در پی داشت.

۱۴. **تاریخ کیش زردشت**، تألیف مری‌بویس، ترجمهٔ همایون صنعتی‌زاده، انتشارات توس، ۱۳۷۴.
۱۵. **مروج‌الذهب**، تألیف ابوالحسن علی‌بن حسین مسعودی، ترجمهٔ ابوالقاسم پاینده، انتشارات علمی فرهنگی، ۱۳۷۰، جلد اول.

بخش سوم

۱. به حق «پیر چک‌چکو»
آیین‌های سالانه در «قره کلیسا»
آیین‌های قالی‌شویان در «مشهد اردهال»

گفتارهای این بخش، شرح و گزارش سه آیین از سه کیش و مذهب زردشتی و ارمنی و شیعه است. آیین‌هایی کهن که، درپیوند با ویژگی‌های جغرافیایی، تاریخی و مذهبی، در سه جای کوهستانی شهرهای یزد و ماکو و کاشان برگزار می‌شود. آیین‌هایی یگانه.

در هریک از این کیش‌ها، داشتن ویژگی‌هایی مشترک، از انگیزه‌های برگزیدن این سه آیین ــ که نگارنده در برگزاری آن‌ها شرکت کرده ــ می‌باشد:

۱. با این‌که مناسبت‌ها و آیین‌های دیگری، در هریک از این کیش‌ها، به یاد درگذشت، جانبازی و شهادت بزرگان پاک‌نهاد و مقدس هست، ولی این برگزاری‌ها، در هریک از سه کیش نیز، بی‌مانند است.

۲. آرامگاه‌ها و جایگاه‌های برگزاری آیین‌ها در کنار کوه است، و زایران و شرکت‌کنندگان در دامنهٔ کوهستان پراکنده می‌شوند.

۳. در پیرامون آرامگاه‌ها کسی سکونت ندارد، همهٔ زیارت‌کنندگان از شهرهای دیگر (دور یا نزدیک) برای شرکت در «مراسم» می‌آیند. و انبوه جمعیت تنها در روزهای برگزاری مراسم دیده می‌شود، و در زمان‌های دیگر، زایران اگر بیایند، انگشت شمارند.

۴. هریک از این مراسم، در زمانی معین، که با تقویم خورشیدی تنظیم شده است، برگزار می‌گردد. بدین شرح که زمان برگزاری آیین زردشتیان، در پیر چک‌چکوی یزد، روزهای پایانی خرداد ماه و آیین ارمنیان در قره‌کلیسای ماکو، در روزهای پایانی تیرماه، و مراسم قالی‌شویان مشهد اردهال در دومین جمعهٔ مهرماه است.

به حق پیر چک‌چکو[1]

«پیر سبز» یا «پیر چک‌چکو» زیارتگاهی است در ۶۲ کیلومتری شمال شرقی یزد، در سینهٔ کوهی که چشم‌اندازی عریان در دامنه‌های خشک و ریگزار کویری آن را دربر گرفته و جریان بسیار کمی از قطره‌های آب از شکاف سنگ فرو می‌چکد. این قطره‌ها ـ برخلافِ مثلِ معروفِ «قطره قطره جمع گردد وانگهی دریا شود» ـ تنها می‌تواند سرسبزی فضای چندمتری و امکان رویش چند سرو و کاج کوهی را بدهد. و مهم‌تر آن‌که، زیارت‌کنندگان را، که از راه دور می‌آیند، سیراب کند. دادن نام «پیر سبز» یا «پیر چک‌چکو» به این محل نیز بایستی بدین مناسبت باشد.

فرهنگ بهدنیان دربارهٔ پیدایش زیارتگاه پیر سبز می‌نویسد:

معروف است که در این‌جا مزار حیات بانو است و از نظرها مخفی بوده است. شبانی در حوالی این محل به چرانیدن گوسفندان

---

۱. سالیانی چند بود که در پی فرصت و موقعیتی بودم که به زیارتگاه پیر چک‌چکو بروم. که فراوان درباره‌اش شنیده بودم و سوگند به آن را به صورت «به حق پیر چک‌چکو» در گوش داشتم. تا این‌که در تابستان سال ۱۳۵۹، این فرصت دست داد که به همراه یکی از خانواده‌های زردشتی که از آشنایان و دوستان قدیم و ندیم است، به آن‌جا رفتم.

مشغول بود. ناگهان گوسفندان رم می‌کنند و فراری می‌شوند. شبان دست به درگاه خداوند بلند کرد و راه چاره از او طلبید و در هنگام جست‌وجو، تشنه و خسته به کوهی رسید که آب از آن چکه‌چکه فرو می‌ریخت. آبی نوشید و در عالم خواب مزار پیرسبز به او خواب‌نما شد. از خواب برخاست گوسفندان را جمع کرد و به شهر برد. بعدها مزار فعلی را ساختند تا حاجتمندان، حاجت بدان‌جا برند و مقصود خود بیابند[۱].

در حقیقت، جا دارد که وجود سبزه و چند قطره و چکه آب در دامنهٔ کوهستانی خشک و بی‌آب و علف، به معجزه‌ای حیات‌بخش تعبیر شود.[۲] پیرسبز، از دیرباز، زیارتگاه زردشتیان است که سالی یک‌بار، در هفتهٔ پایانی خرداد ماه (۲۴ تا ۲۸ خرداد) از شهرهای دور و نزدیک به آن‌جا روند و چندین روز بمانند. در روزها و ماه‌های دیگر سال، فقط دربان زیارتگاه و نگهبان خانه‌ها ــ وگاه یکی دو خانوادهٔ مسافر، که صبح آمده و شب برمی‌گردند ــ ساکنان آن‌اند.

نویسندهٔ **جامع مفیدی** از زیارت رفتن زردشتیان به پیرسبز در قرن یازدهم هجری خبر می‌دهد، که در هندوستان شنیده است:

در اواخر شهر ربیع‌الاخر سنه خمس و ثمانین و الف (۱۰۸۵) در

---

۱. **فرهنگ بهدنیان**، تألیف جمشید سروشیان، انتشارات دانشگاه تهران، ۱۳۶۳، ص ۲۰۴.

۲. خار بیابانی، که با سخت‌جانی ریشه به اعماق زمین می‌رساند، تا نم مورد نیاز را بیابد. حاشیهٔ کویرنشینان، برای استفاده از ریشهٔ نمناک، بوته را از روی زمین قطع کرده و مقطع ریشه را شکافته و تخمهٔ هندوانه‌ای در آن می‌نشانند. تخمهٔ هندوانه از تغذیهٔ ریشهٔ خار رشد می‌کند و هندوانه‌ای می‌دهد شیرین. این مطلب را هم‌ولایتی‌های کویری ما، که تخمهٔ هندوانه را به امید نمی ناچیز در ریشهٔ خار بیابان می‌نشانند، بهتر می‌دانند.

حیدرآباد بهشت بنیاد، مسود اوراق را با ملامحمد اردکانی متخلص به فدائی، اتفاق صحبت افتاد. در اثنای حکایات تقریر نمود که در اراضی یزد، نزدیک به قریه خرانق کوهی است که عقاب سپهر به قوت طیران به حوالی قله آن نتواند پرید(...) در کمر آن کوه پرشکوه صفه‌ای در نهایت وسعت و ارتفاع به قدرت کامله یزدانی ساخته شده و در سقف آن، مانند چشم سخت‌دلان، قطره آب به صد مضایقه ظاهر گشته، به‌پایان کوه می چکد. و اگر یک‌نفر بدان‌جا رسد، به‌قدر کفاف او حاصل شود و اگر صد کس وارد شود. وگاه باشد که پانصد نفر با مواشی و مراعی بدان مکان عبور نمایند، به قدرت پادشاه بی‌انباز چندان آب می‌آید که همگی سیراب می‌گردند. و بعد از رفتن ایشان به دستور مقرر و زمان ماضی گاهی قطره‌ای در کام تشنه‌لبان وادی نامرادی می‌چکد[۱]. و مجاوران خطه دلگشای یزد، آن کوه را چک‌چکو می‌نامند و مجوس آن موضع را تعظیم بسیار نموده و در سالی یک نوبت به موعدی مقرر (...) بدان‌جا رفته، قربانی کنند و جشن‌ها و عیش‌ها کرده، بعد از فراغ به منازل خود مراجعت نمایند[۲].

در این سال‌ها و سده‌ها ــ و بی‌گمان سده‌های پیش از آن ــ خانواده‌های بسیاری از زردشتیان هندوستان در روزهای «زیارت پیرسبز» از شرکت‌کنندگان وفادار این گردهمایی و آیین و جشن مذهبی سالانه‌اند.

اگر اصطلاح «جشن» در مورد این اجتماع چند روزهٔ زیارتگاهی به کار رفت، برای این است که اجرای مناسک اعتقادی زیارتگاه‌ها بیشتر، همراه

---

۱. این افسانه که آب به اندازهٔ کسانی که حاضرند از چشمه می‌جوشد، در مورد مکان‌های دیگر (از جمله قلعه الموت، غار دانیال و...) نیز آمده است.

۲. **جامع مفیدی**، تألیف محمد مفید مستوفی بافقی، به کوشش ایرج افشار، کتابفروشی اسلامی، ۱۳۴۰، ج سوم، ص ۸۲۸.

با سور و شادمانی و گردش و خرید است، به‌ویژه در بین زردشتیان، که رسم و آیین سوگواری بس اندک است[1].

در دامنهٔ کوه، زردشتیان هر شهر، برای بیتوتهٔ چندروزهٔ خود، بنایی ساخته‌اند. بنایی که شامل یک «مطبخ» و چند «صفّه» و اتاق است و به آن مجموعه، «خیله» می‌گویند. خیله‌ها در کمرکش کوه پایین‌تر از معبد و محل چک‌چکه آب ساخته شده است. اهمیت و ارزشمندی خیله‌ها بستگی به نزدیکی و دوری آن‌ها از معبد دارد، خانواده‌هایی که امکان و قدمت بیشتری در زیارت سالانه داشته و از موقعیت اقتصادی و اجتماعی برخوردارند، خیله‌شان به معبد نزدیک‌تر است. از جمله می‌توان، از «خیله دستورها»، «خیلهٔ‌تفتی‌ها»، «خیله قاسم‌آبادی‌ها»، «خیله شریف آبادی‌ها»، «خیله کرمانی‌ها» و ده‌ها خیله دیگر نام برد.

هریک از صفّه‌ها و تالارها و اتاق‌های خیله چندین خانوادهٔ خویشاوند و آشنا را در خود جای می‌دهد. (مثلاً به خانواده‌ای که میزبان من بود، آن‌قدر جا می‌رسید که بتوان سفره را پهن کرد).

زیارتگاه‌های زردشتیان، که امروز، بیشتر در یزد و کرمان بر جای مانده، هریک زمان معینی را برای زیارت‌های دسته‌جمعی به خود اختصاص داده، و در پیرامون هریک، صفه‌ها، ایوان‌ها، و مطبخ‌هایی چند برای توقف چندین روزهٔ خانواده‌ها ساخته شده است؛ که از جمله در یزد می‌توان از **پیرهریشت** (۶ تا ۱۰ فروردین)، **پارس بانو** (۱۳ تا ۱۷ تیر، ویژهٔ بانوان)، **پیرنارکی** (۱۲ تا ۱۶ مرداد) و **پیرسبز** (چک‌چکو ۲۴ تا ۲۸ خرداد) یاد کرد[2]، و تمامی آن‌ها در بهار و تابستان برگزار می‌شود.

---

۱. جشن‌ها و آیین‌های سنتی، اعتقادی، فصلی و منطقه‌ای ایران، که بیشتر رنگ مذهبی داشته، بی‌گمان جوابگوی نیازهای خانوادگی اجتماعی، اقتصادی جامعه نیز بوده است. مطالعهٔ این گردهم‌آیی‌ها، که هنوز در برخی از منطقه‌ها برگزار می‌شود، کوششی در جهت شناخت بیشتر ویژگی‌های فرهنگی و اجتماعی گذشتهٔ ایران است.

۲. این زیارتگاه‌ها، بیرون از شهرها است و زیارت‌کنندگان شب نیز در آن‌جا می‌مانند. ←

در بین زیارتگاه‌های زردشتیان، پیرسبز موقعیت و شهرت ویژه‌ای دارد. برگزاری آیین‌ها و استقبال همگانی، دینی و اجتماعی این چهار روزه، پیر چک‌چکو را از دیگر زیارتگاه‌ها متمایز می‌سازد و مطالعهٔ آن می‌تواند معرف جشن و آیین جامعهٔ زردشتی امروز باشد.

افزون بر اجرای مناسک و مراسم دینی، آن‌چه به میعادگاه دسته‌جمعی پیر چک‌چکو رنگ اجتماعی می‌دهد، برخوردها، دید و بازدیدها، چشم و هم‌چشمی‌ها، مهمانی‌ها، سرگرمی‌ها، و آشنایی‌های خانوادگی است که می‌توان نمونه‌ها و نمودهایی از آن یاد کرد:

۱. **مناسک و مراسم اعتقادی**: در مدت توقف چندروزهٔ خانواده‌ها، هرکسی دو یا سه‌بار به زیارتگاه می‌رود. در این مراسم، همه به صورت خانوادگی، گروه سنی و یا گروه جنسی شرکت می‌کنند. شمع روشن کردن، دعا خواندن، نذر کردن، سدره‌پوشی[1] و کُستی‌بستن[2] از جمله مناسک اعتقادی است که در معبد به‌جا می‌آورند.

زیارت‌کنندگان بایستی با سر پوشیده وارد شوند. پیش از ورود، مقداری کلاه (عرق‌چین) سفید برای کسانی که سرشان برهنه است آماده می‌باشد.

کُستی بستن و سدره‌پوشی را موبدان انجام می‌دهند. در این سال،

← در کرمان زیارتگاه‌های ***آب‌مراد*** (۲۴ کیلومتری غرب کرمان)، ***باباکمال*** (۶ کیلومتری شمال شرقی کرمان) و ***شاه مهرایزد*** (باغچه بداق‌آباد، که اکنون در محدودهٔ شهر قرار گرفته)؛ در تهران و شیراز هم زیارتگاه‌هایی بدین صورت وجود دارد، ولی مهم‌ترین و معروف‌ترین همهٔ آن‌ها پیر چک‌چکو است.

۱. Sedra = زیرپیراهن سفیدی که هر پسر و دختر زردشتی به دست موبد بر تن می‌کنند.

۲. کستی (Kosti) یا کشتی (Košti)، رشته‌ای که از ۷۲ نخ پشمی، تابیده شده و سه‌بار به دور کمر می‌بندند. این نیز به‌دست موبد بسته می‌شود.

موبدی نیز از هندوستان آمده بود و گروه بیشتری نزد او «آیین تازه می‌کردند»[1].

آوردنِ نان نذری (سیرک به گفتهٔ یزدی‌ها و سیرو به‌گفتهٔ کرمانی‌ها)، که در بیشتر خیله‌ها پخته می‌شود، و عرضه کردن آن به زیارت‌کنندگان بخشی از مناسک است.

۲. لباس: معمولاً، در سفرهای چندروزهٔ زیارتی، پوشاک ویژه‌ای که مورد توجه قرار گیرد، نمی‌شناسیم (البته لباس ویژهٔ مناسک حج سخنی دیگر است). ولی با این همه، آرایش، لباس مرتب و سنتی زیارت‌کنندگان، به‌ویژه برای زنان، امری است که به‌روشنی به چشم می‌خورد[2].

لباس زنان زردشتی، در یزد، بیشتر از شهرهای دیگر ایران اصالت خود را حفظ کرده است. در چند روزهٔ مراسم، همهٔ آن‌ها می‌کوشند که لباس زردشتی بپوشند.

این لباس سنتی عبارت است از چارقد ابریشمی (سایه‌کوئی)[3]، مقنعهٔ بزرگی که گلدار است (مکنو[4]، یا مکنو گلِ هند[5])، زینت‌هایی که هنوز برخی از زنان به چارقد خود می‌آویزند (پَردسمالی)[6]، شلواری گشاد از پارچهٔ گلدار که در مچ پا جمع می‌شود (شوال سیخ و تیر[7]) و پیراهن گلدار (پَرئنه)[8].

۳. خوراک: خانواده‌هایی که به زیارت پیرسبز می‌آیند، برای این سه روز مسافرت خود کوله‌باری از خوراکی‌ها، آشامیدنی‌ها، آجیل و

---

۱. در برخی رسم‌ها و جشن‌ها، دوباره سدره و کشتی می‌بندند و آن را «آیین تازه کردن» گویند. حافظ گوید: به باغ تازه کن آیین دین زردشتی /کنون که لاله برافروخت آتش نمرود.

۲. با وجود تحولی که در لباس‌های قومی و منطقه‌ای پدید آمد، لباس زنان زردشتی (اگر کارمند دولت نباشند) در کرمان و یزد حفظ گردیده است.

3. Sāyakui 4. Maknu 5. Maknu gol-e-hend 6. Pardasmâli

7. Šavāl-sixotir 8. Praana

«تنقلات»، که درخور جشن و آیین است، با خود می‌آورند. محدودیت و ممنوعیت‌های خوراکی و آشامیدنی (مثلاً در مقایسه با دین یهود و دین اسلام) اندک است. اگر یکی از روزهای پرهیز (نابر)[1] باشد، گوشت نمی‌خورند.

پرداختن به آشپزخانه و تهیهٔ غذا از جمله مشغولیت‌هایی است که مقدار زیادی از وقت و توجه خانواده‌ها را به خود معطوف می‌دارد. و شاید به این علت است که در پیرامون بیشتر زیارتگاه‌ها «پیر»ها و گذرگاهای تفریحی زردشتیان، ساختن مطبخ یا مطبخ‌ها فراموش نشده است. غذایی که ارتباط با آیین اعتقادی داشته باشد، محدود به نان و آش نذری است. سایر غذاها و خوراک‌ها، که از نظر کیفی و کمی درباره‌اش سعی بیشتری می‌شود، متناسب با سفره‌های جشن و مهمانی است. (که خود بحثی دیگر می‌طلبد).

۴. دیدوبازدیدها: زیارت چندروزهٔ پیرسبز همچنین فرصت و موقعیتی برای دیدن خویشاوندان و آشنایان دور و نزدیک است. آمد و رفت در خیله‌ها به صورت دیدوبازدید خانوادگی و «گپ زدن»ها و «اختلاط کردن»ها از جمله سرگرمی‌ها و مشغولیت‌های روزانه و شب‌نشینی‌هاست. کم نیستند خانواده‌های خویشاوند و آشنایی که تنها سالی یک‌بار، آن‌هم در هفتهٔ زیارت پیر چک‌چکو، یکدیگر را می‌بینند و از حال هم آگاهی پیدا می‌کنند. این دیدوبازدیدهای چندروزه، خواه و ناخواه، زمینه و موقعیتی برای آشنایی جوانان با یکدیگر است. و گپ زدن‌های خانوادگی، غیرمستقیم ــ و گاه نیز مستقیم ــ به خانواده‌ها امکان می‌دهد که برای فرزندانی که در سن ازدواج‌اند، همسری را در نظر

۱. Nâbor: زردشتیان ماهی چهار روز گوسفند نمی‌کشند و گوشت نمی‌خورند، که عبارت است از اول، دوازدهم، چهاردهم و بیست‌ویکم هر ماه (یعنی روزهای وهمن ـ ماه ـ گوش ـ رام). برخی از آنان تفسیر می‌کنند که در این چهار روز نباید گوسفند کشت (نابر است)، ولی خوردن گوشت قدغن نشده است.

بگیرند. توجه به این همسریابی‌ها را در کتک زدن «تازه دامادها» می‌توان دید. بدین‌معنی که جوانان، به‌ویژه جوانان مجرد، پرس‌وجو کرده و کسانی راکه در طول یک سال گذشته ازدواج کرده‌اند پیدا می‌کنند، و با شوخی و خنده دست و پای این تازه دامادها را گرفته به پشت می‌خوابانند، کتک می‌زنند و بر روی زمین می‌کشانند. داماد و خانوادهٔ او با شربت و شیرینی، که در معبد تبرک شده و شگون خوش دارد، از آن‌ها پذیرایی می‌کنند. جوانان ضمن تفریح و سرگرمی و خوردن شیرینی تبرک، بدشان نمی‌آید که قهرمان کتک‌خوری سال آینده باشند.

۵. **آب‌پاشی اول تیر**: سرگرمی دیگری که جنبهٔ شوخی و نیمه‌اعتقادی دارد، آب‌پاشی به یکدیگر است. خانواده‌هایی که تا اول تیرماه هنوز در خیله‌ها مانده‌اند، به‌ویژه جوانان، در این روز، به کسانی که می‌شناسند ــ و یا اگر نمی‌شناسند، عرف خانوادگی اجازهٔ شوخی کردن با آن‌ها را می‌دهد ــ آب می‌پاشند. تقریباً، همهٔ مردم، در تمامی این روز، مواظب هستند که غافلگیر نشوند و از پشت سر یا پشت کسی به آن‌ها آب نپاشد. کسانی که در این روز خیس می‌شوند، آن را در حد شوخی می‌پذیرند.

آب‌پاشی را ابوریحان بیرونی، از رسم‌های نوروزی یاد می‌کند و در شرح آن از گفتهٔ «برخی از حشویه» نقل می‌کند که: «چون حضرت سلیمان راه خود را کج کرد که آشیان پرستویی درهم نشکنند، پرستو با منقار خویش قدری آب آورد و بر روی سلیمان پاشید و یک ران ملخ نیز هدیه آورد. و از این‌جاست که مردم در نوروز به یکدیگر آب می‌پاشند[۱]»

از آن‌جا که نوروز و آغاز سال، مدت‌ها، در آغاز تابستان بود، و نیز رسم «جشن آب‌پاشی» که در بین ارامنه رایج است، و زمان آن در روزهای

---

۱. *آثارالباقیه*، تألیف ابوریحان بیرونی، ترجمهٔ اکبر داناسرشت، انتشارات امیرکبیر، ۱۳۶۳، ص ۳۲۵ و ۳۲۶.

پایان تیرماه می‌باشد، می‌توان ریشهٔ آن‌ها را یکی دانست.

شامگاه روز آخر، هنگام بازگشت، که زمزمهٔ «اَشم و هو»[1] از معبد بلند بود، از گوشه‌ای دیگر صدای «اشهد ان لا اله الا الله»، مأموران پاسگاه که به دعوت برگزارکنندگان مراسم پیرسبز، برای حفظ نظم و پیشامدهای احتمالی، به آن‌جا آمده و به نماز خواندن مشغول بودند، به گوش می‌رسید؛ مرا که برای خداحافظی با آشنایان کرمانی از این خیله به آن خیله می‌رفتم، به یاد ترجیع‌بند هاتف اصفهانی، شاعر عارف سدهٔ دوازدهم هجری انداخت که سخن را با شعرهایی از آن ترجیع‌بند، به عنوان «حسن‌ختام»، به پایان می‌رسانم.

دوش از سوز شوق و جذبه شوق — هر طرف می‌شتافتم حیران
چشم بد دور خلوتی دیدم — روشن از نور حق نه از نیران
پیری آن‌جا به آتش‌افروزی — به ادب گرد پیر مغ‌بچگان
من شرمنده از مسلمانی — شدم آن‌جا به گوشه‌ای پنهان
گفت جامی دهیدش از می ناب — گرچه ناخوانده باشد این مهمان
چون کشیدم نه عقل ماند و نه هوش — سوخت هم کفر از آن و هم ایمان
این سخن می‌شنیدم از اعضاء — همه حتی‌الورید والشریان
آخر کار شوق دیدارم — سوی دیر مغان کشید عنان
هر طرف دیدم آتشی کان‌شب — دید در طور موسی عمران
مغ و مغ‌زاده، موبد و دستور — خدمتش را تمام بسته تمام
پیر پرسید، کیست این؟ گفتند: — عاشقی بی‌قرار و سرگردان
ساقی آتش‌پرست و آتش‌دست — ریخت در ساغر آتش سوزان
مست افتادم و دران مستی — به زبانی که شرح آن نتوان

که یکی هست و هیچ نیست جز او
وحده لا اله الا هو

---

۱. یعنی راستی و نیکی (بهترین است)

منابع:

۱. **فرهنگ بهدینان**، تألیف جمشید سروشیان، انتشارات دانشگاه تهران، ۱۳۶۳.

۲. **جامع مفیدی**، تألیف محمد مفید مستوفی بافقی، به کوشش ایرج افشار، کتابفروشی اسلامی، ۱۳۴۰.

۳. **آثارالباقیه**، تألیف ابوریحان بیرونی، ترجمهٔ اکبر داناسرشت، انتشارات امیرکبیر، ۱۳۶۳.

آیین‌های سالانه در «قره کلیسا»

روزهای پایانی تیرماه هر سال ارمنیان مسافرتی زیارتی به «قره کلیسا» می‌کنند. در تابستان سال ۱۳۶۱ فرصتی دست داد که بتوانم به همراهی تنی چند از دوستان ارمنی در این مراسم شرکت نمایم، در این نوشتار، کوشش می‌شود که ضمن اشاره‌ای کوتاه دربارهٔ ارمنیان و قره‌کلیسا (کلیسای طاطاوس) مراسم سنتی این جشن و آیین ـ هرچند شتاب‌زده ـ مورد مطالعه قرار گیرد.

ارمنیان، قومی ارمن ـ آریایی، از نژاد هند و اروپایی هستند که نیاکانشان حدود پانزده قرن پیش از میلاد مسیح از سرزمین‌های آسیای مرکزی به کناره‌های رودخانهٔ سند مهاجرت کردند. این قوم ضمن مهاجرت از راه بالکان به آسیای صغیر، با طایفه‌هایی به نام «هایا» درآمیختند، و به‌تدریج از سوی مغرب به ارمنستان آمدند و قرن‌ها بعد گروه‌هایی از این قوم مهاجر از راه ایران به میان‌رود (بین‌النهرین) رفته و در آن‌جا استقرار یافتند. و کمی پیش از میلاد مسیح سرزمین میان‌رودی را رها کرده و به سوی سلسله جبال قفقاز آمده و دامنهٔ

این کوهستان را برای اقامت برگزیدند.

واژهٔ «ارمنستان» به معنی کشور «آرمن»ها است. بنابر نوشتهٔ مورخان، هایک نخستین رئیس این قوم چهار پسر داشت که نام یکی از آن‌ها آرمناک بود و ارمنیان را منسوب به او می‌دانند. هائیاسان نیز که از نام هایک و از واژهٔ «های»، به معنی ارمنی گرفته شده، نامی است که ارمنستان را در قدیم بدان می‌نامیدند و مورخان آن را آرمینا نامند و در کتیبه‌های باستانی ایران آرمینه آمده است.[1]

ارمنیان در حدود سال ۳۰۲ میلادی به وسیله گرگوریوس ـ منور[2]، به صورت عام و جمعی، به مسیحیت گرویدند. و از آن پس، واژهٔ ارمنی معرف قومیت و دیانت (مسیحی) است.[3]

از نظر اعتقادی و نیز اجرای مناسک دینی، ارمنیان با دیگر مسیحیان فرق می‌کنند. و آن‌چه آنان را به عنوان یک قوم و ملت مشخص می‌سازد، مجموعهٔ زندگی تاریخی، فرهنگی، اجتماعی، اعتقادی و اقتصادی

---

۱. هدف این نوشتار، مطالعهٔ سیر تحولی و تاریخی قوم‌های ارمنی نیست، و در این زمینه کتاب‌های تاریخی و تحقیقی در دسترس است؛ برای مطالعه به **دائرةالمعارف مصاحب** (جلد اول)؛ **تاریخ ارمنستان**، تألیف خداوردیان، سارگیسیان، ابراهامیان و نرسیسیان، ترجمهٔ گرمانیک (دو جلد)، چاپ تهران، ۱۳۶۰؛ **مسافرت به ایران و ارمنستان**، به قلم پ. آ. ژوبر، ترجمهٔ محمود هدایت، چاپ تابان، ۱۳۲۲؛ **کتاب ایرانیان ارمنی**، نوشتهٔ اسماعیل رایین، امیرکبیر ۱۳۵۲؛ **ارامنه در خاورمیانه**، رابرت هیوزن، ترجمهٔ هرایرخاتیان تهران، انتشارات آلیک، ۱۳۴۶؛ و تاریخ **مسیحیت ایران**، سعید نفیسی، تهران، انتشارات نور جهان، ۱۳۴۳، مراجعه کنید.

۲. قدیس گرگوریوس (Gregoriuse) منور (۲۵۷ تا ۳۳۷) معروف به رسول ارمنستان، وی تیرداد سوم پادشاه ارمنستان و بزرگان آن سرزمین را مسیحی کرد، پس از آن همهٔ مردم این دین را پذیرفتند، و بدین‌گونه نخستین کشور مسیحی پدید آمد. گرگوریوس مؤسس کلیسای ارمنی است.

۳. در برخی از رسانه‌های غرب و سخنرانی‌ها، امروز، چنین استنباط می‌شود که مسلمان و عرب را یکی می‌دانند، که بی‌گمان سخنی نادرست است.

است. ارمنیان ایران بالغ بر ۱۰۳۱۶۳ نفرند[۱]، که در آذربایجان، اصفهان، تهران و خوزستان و... زندگی می‌کنند. ساختار کلیسایی ارمنی، خاص ارامنه است و به هیچ مرجع و قدرت دینی مسیحی وابستگی ندارد. و نباید کلیسای ارامنه را جزیی از کلیسای کاتولیک و یا وابسته به واتیکان دانست. کلیساهای ارامنه در ایران مختص به پیروان مذهب گریگوری است و...[۲].

ارمنیان، کلیساهای متعددی، به‌ویژه در تهران، اصفهان و آذربایجان دارند[۳]، که در برخی از آن‌ها، روزهای معینی از سال، به مناسبتی خاص، دعا و نیایش و قربانی برگزار می‌شود؛ و موضوع این نوشتار کلیسای **تادئوس** در آذربایجان است.

کلیسای تادئوس (طاطاوس) معروف به «قره کلیسا»، در دهی به همین نام، در دهستان چالدران، از بخش سیه‌چشمه در شهرستان ماکو، استان آذربایجان می‌باشد. برخی از مورخان این کلیسا را نخستین بنای مسیحی جهان می‌شناسند و در این‌باره گویند، که تادئوس (طاطاوس)، یکی از حواریون مسیح، در سال چهل میلادی به ارمنستان آمد و به تبلیغ مسیحیت پرداخت. گروه زیادی به آیین مسیح رو آوردند، از جمله **ساناتروک** پادشاه ارمنستان و دخترش **ساندخت** بودند. ولی سلطان کمی بعد پشیمان شد و به مخالفت با مذهب جدید پرداخت. و نیز کوشش او برای بازگرداندن دخترش از مذهب تازه بی‌فایده ماند. سرانجام دستور کشتن **طاطاوس** و دختر خود ساندخت و گروهی دیگر را که به مسیحیت گرویده بودند داد. طاطاوس و پیروان دیگر، کشته و در ناحیهٔ **آرتاز** (منطقهٔ شمال ساحلی رودخانه ارس تا مجاور وان و

---

۱. بنابر سرشماری سال ۱۳۵۵.

۲ و ۳. به *کلیساهای ارامنه ایران*، تألیف لینا ملکمیان، دفتر پژوهش‌های فرهنگی، ۱۳۷۱، مراجعه شود.

شهر کنونی باکو) به خاک سپرده شدند.

در سال ۳۰۲ میلادی، زمان پادشاهی تیرداد (از پادشاهان ارمنستان)، که مسیحیت در ارمنستان دین رسمی و همگانی شد، مسیحیان ارمنی، که خاطرهٔ شهادت طاطاوس و ساندخت را نسل به نسل حفظ کرده بودند، در محل مزار آنان کلیساهایی بنا کردند که قره‌کلیسا یکی از آن‌ها است. گویا اصطلاح «چالداران» (که در جنوب غربی ماکو واقع شده) از کلمهٔ «چهاردران»، که اشاره است به چهار کلیسا، گرفته شده، و بیشتر بزرگان مذهبی کلیساهای ارمنی در این منطقه زندگی می‌کرده‌اند. و حمدالله مستوفی در ***نزهت‌القلوب*** از مرجانی شاه، اسقف اعظم ارمنی یاد کرده که در یکی از ده‌های کوهستانی نزدیک ماکو می‌زیسته است.

نخستین سند تاریخی که در آن از قره‌کلیسا یاد شده کتابی است از آرتسرونی، مورخ قرن نهم میلادی، و بعدها در قرن‌های ۱۲ و ۱۳ میلادی با عنوان ***کلیسای تادئی*** آمده است.

در سال ۱۲۳۰ میلادی (۶۱۶ هجری)، هنگام حملهٔ چنگیز، قسمت بزرگی از این کلیسا ویران گردید. ارغون (از سرداران مغول) با آن که با لئون پادشاه ارمنستان و یکی از دانشمندان ارمنی به نام تورس که به دیدار او رفته بودند، قرارداد عدم تعرض بسته و خود نیز یک‌بار به زیارت کلیسا رفته بود، اسقف کلیسا را به قتل رسانده، کلیسا را غارت کرده و دستور داد کلیسا را به تمامی ویران کنند.

چندی بعد، هنگام اقامت هلاکوخان مغول در آذربایجان، همزمان با ایجاد رصدخانه مراغه و اجتماع عالمان و دانشمندان زیر نظر خواجه نصیرالدین طوسی، مرمت این کلیسا آغاز شد و نیز کمک مختصری برای تجدید بنای آن در نظر گرفته شد[1].

این کلیسا یک‌بار نیز در زلزله‌ای که در سال ۷۱۲ هجری اتفاق افتاد،

---

۱. نقل به اختصار از کتاب *ایرانیان ارمنی*، نوشتهٔ اسماعیل رایین، نشر امیرکبیر، ۱۳۵۲.

ویران گردید و سندی دربارهٔ تعمیر آن، که به وسیلهٔ زکریای قدیس صورت گرفته، در دست می‌باشد[۱].

در لشکرکشی آغا محمدخان قاجار (۱۲۰۱ هجری) به این منطقه، کلیسای مزبور مورد تاراج قرار گرفته و در ۱۲۲۴ هجری با موافقت عباس میرزا، به وسیله اسقف بزنونی قسمتی از سنگ‌های سیاه کلیسا را به سنگ سفید بدل کردند و بر آن‌ها شمایل حواریون حجاری گردید که اکنون موجود است.

قره کلیسا، یا **کلیسای طاطاوس**، یا **کلیسای تادئی**، در سده‌های طولانی عمر خود، بارها، دستخوش ویرانی، زلزله، تاراج و بی‌مهری قرار گرفته و نیز بارها مورد توجه، آبادانی، رونق و شکوه واقع شده، و امروز به مناسبت جشنی سالانه، تابستان‌ها میعادگاه ارمنیان ایران (و گاه ارمنیان کشورهای همسایه) گردیده است؛ جشنی که انگیزهٔ سخن در این نوشتار است.

جشن و آیین قره کلیسا از رسم‌های فصلی است که به‌صورت گروهی و همگانی همراه با مناسک اعتقادی، در روز شنبهٔ آخرین هفتهٔ تیرماه، یا اولین هفتهٔ مرداد ماه، برگزار می‌شود.

جشن‌ها و آیین‌های فصلی را تقریباً در میان همهٔ ملت‌ها و قوم‌ها می‌توان یافت. فولکلورشناسان و مردم‌شناسان، ریشهٔ جشن‌های فصلی را، با برداشت محصول، آغاز یا پایان فعالیت‌های کشاورزی، یا مناسبت‌های دیگری چون تغییر وضع جوی، فصلی و شغلی همراه می‌دانند، و بر این باورند که این‌گونه جشن‌ها با گذشت زمان به‌تدریج، رنگ محلی، قومی، ملی و دینی به خود می‌گیرند.

زمان برگزاری مراسم قره کلیسا را، براساس تقویم شمسی هجری،

---

۱. مقالهٔ «قره کلیسا» از آندرانیک هوبان، مجله بررسی‌های تاریخی سال دوم، شمارهٔ ۵ سال ۱۳۴۶.

نمی‌توان با دقت معین کرد. زیرا این جشن، مانند بیشتر عیدهای ارمنیان، با رویدادهای مذهبی و ملی ارمنی مربوط است. و می‌توان (با توجه به تقویم ارمنی) آن را در فاصلهٔ بین ۲۵ تیرماه تا ۱۰ مرداد به مدت سه روز (پنج‌شنبه و جمعه و شنبه) دانست[۱].

برگزاری جشن و مسافرت گروهی به زیارتگاهی که در دامان طبیعت قرار دارد، چنان‌که در آغاز این بخش آمد، نه خاص قره‌کلیسا و نه منحصر به ارمنیان است، در منطقه‌ها، دین‌ها، و نزد ملت‌های دیگر نیز فراوان یافت می‌شود. در این زمینه در کتاب ***اعیاد کلیسای ارمنی*** نیز آمده است:

> ... وقتی آداب و رسوم توده مردم مورد مطالعه قرار می‌گیرد، می‌بینیم که مردم هنگام بعضی از اعیاد از خانه‌های خود بیرون آمده و دسته‌دسته به دشت و صحرا می‌رفتند و مراسم خاصی را در هوای آزاد و دامان طبیعت برگزار می‌کردند[۲].

ارمنیان، برای چند روز جشن و زیارت، از شهرهای تبریز، ارومیه، تهران، اصفهان، قزوین و... به صورت گروهی و خانوادگی به قره‌کلیسا می‌آیند. افزون بر ارمنیان، خانواده‌هایی از آسوریان و ــ به‌ندرت خانواده‌های کاتولیک ــ نیز شرکت می‌نمایند.

شمار زائران جشن قره‌کلیسا، در تابستان ۱۳۶۱، قابل‌توجه بود، بعد از انقلاب، این نخستین جشنی بود که در قره‌کلیسا برگزار می‌گردید. و طبیعی است که، با وجود جنگ تحمیلی، کشتارها و تباهی‌های ناشی از آن و جیره‌بندی بنزین، حال و حواس و جمعیت خاطری برای جشن‌ها باقی نماند. جشن قره‌کلیسا نیز، گویا، رونق و جنب‌وجوش متعارف را

---

۱. «... برخی از اعیاد کلیسای ارمنی در یک تاریخ معین و ثابت برگزار می‌شود و پاره‌ای دیگر به همراه تغییرات نجومی و قمری در تاریخ‌های مختلف اجرا می‌گردد.» (کتاب ***اعیاد کلیسای ارمنی***، از اسقف آرداک مانوکیان، ترجمهٔ هرایر خالاتیان، نشر شورای ارامنه، ۱۳۶۰، ص ۱۶)

۲. **همان**، ص ۹۰.

نداشت. جمعیت شرکت کننده این سال را بایستی بین سه هزار و پانصد تا چهار هزار نفر تخمین زد[۱].

زمان توقف: روزهای توقف خانواده‌ها، در قره‌کلیسا، متفاوت بود. رسم این است که سه روز پنج‌شنبه و جمعه و شنبه بایستی در آن‌جا باشند، ولی کسانی که از راه دور (چون تهران و اصفهان) می‌آیند، گاهی بیش از سه روز می‌ماندند و نیز خانواده‌هایی بودند که روز جمعه از تبریز آمده، و غروب شنبه بازگشتند و فقط برای یک شب در آن‌جا چادر زدند.

محل توقف: در پیرامون کلیسا، با وجود فراوانی جمعیت در روزهای جشن، ساختمان و بنایی برای بیتوتهٔ زائران نیست. خانه‌های روستایی ده قره‌کلیسا (در سیصد متری کلیسا، که ۱۰ تا ۱۲ خانه است) متعلق به کشاورزان مسلمان روستا است و مورد استفادهٔ مسافران قرار نمی‌گیرد.

برای سکونت زائران دویست چادر از طرف خلیفه‌گری ارمنیان نصب شده بود (غیر از چادرهایی که به منظور حفظ نظم، کمک‌رسانی و درمانگاه پیش‌بینی شده بود) که برای سه روز جشن به اجاره داده می‌شد، و بسیاری چادرهای خصوصی و نیز چادرهای بزرگی که سازمان‌های مختلف ارمنی برپا داشته بودند. افزون بر چادرها، از تعدادی کامیون و وانت‌بار و اتومبیل نیز استفاده خوابگاهی می‌شد.

جشن قره‌کلیسا، برای ارمنیان مجموعه‌ای از انگیزه‌های اعتقادی، قومی، سنتی، خانوادگی، عاطفی، تفریحی و همچنین میل به مسافرت و استفاده از آب و هوای ییلاقی و دیدار دوستان و آشنایان است. و به بیانی دیگر، یک تظاهر سنتی و فرهنگی و اجتماعی است، در چارچوب اعتقاد و زیارت.

---

۱. این تخمین جمعیت تقریبی براساس تعداد چادرها است که ۲۰۰ چادر از طرف خلیفه‌گری و حدود ۳۵۰ چادر خصوصی بود و نزدیک ۵۰ کامیون و وانت‌بار نیز به‌جای چادر مورد استفاده قرار گرفته بود.

هرچند، جدا کردن جنبه‌های مختلف جشن‌ها، مناسک و آیین‌ها به‌آسانی مقدور نیست، ولی کوشش می‌شود ــ هرچند شتاب‌زده و گذرا ــ به جنبه‌هایی از این جشن اشاره نمود.

سه روز مهمانی: تهیه غذا و پرداختن به خوردن و آشامیدن، سرگرمی عمومی خانواده‌ها را در این سه روز تشکیل می‌دهد. (و این تقریباً از ویژگی‌های همهٔ جشن‌ها است). در بیشتر ساعت‌های روز و شب سفره و بساط غذا در چادرها، یا آستانهٔ چادرها، پهن بود و مرکز گردآمدن، خانواده و آشنایان بود. گوسفند قربانی (پس از این خواهد آمد) بایستی در این سه روزه خورده شود. به قول یکی از ارمنیان: «این سه روز مهمانی است که خودمان از خودمان پذیرایی می‌کنیم». در این سه روز، غذای ویژه‌ای که با غذاهای روزهای دیگر سال متفاوت باشد، پخته نمی‌شود، و تا اندازه‌ای باید گفت که از غذاهای آماده (به صورت کنسرو) یا غذاهایی که دیرتر فاسد می‌شود (چون ژامبون) استفاده می‌شود. اصطلاح «سه روز مهمانی»، بیشتر برای کمیت مقدار مصرفی خوراک‌ها و آشامیدنی‌ها است، و نه کیفیت پختن و تهیه کردن غذا.

تجدید دیدار: خانواده‌هایی که از شهرهای دور و نزدیک می‌آیند، چند روز جشن قره‌کلیسا را فرصتی مناسب برای دیدن دوستان و آشنایان می‌دانند. آرماویل می‌گفت که در این مدت بیست‌وپنج سالی که از ارومیه به تهران آمده‌ام، برخی از دوستان و همسالان سابقم را تنها در موقعی که به قره‌کلیسا می‌آیم، می‌بینم.

دیدن دوستان و آشنایان، یکی از انگیزه‌های قوی کنجکاوی‌ها، دلسوزی‌ها، به رخ کشیدن‌ها و نمایش‌های شرکت‌کنندگان در جشن‌های دسته‌جمعی و مناسک گروهی است.

مراسم و مناسک دینی: در این سه روز، دعای کلیسا (= بادراک)، در روزهای پنج‌شنبه و جمعه صبح و عصر برگزار گردید، ولی در روز شنبه تنها یک‌بار و با آیین ویژهٔ عید (= داغاوار)، به وسیلهٔ اسقف اعظم (آرداک

مانوکیان، اسقف تهران) و اسقف تبریز (عالی‌جناب باکراد ملکنیان) اجرا شد. و دعا و سرود (= شاراکان) به صورت گروهی و با همراهی دستهٔ کر خوانده شد. مراسم روز شنبه از ساعت ده صبح آغاز و تا نزدیک ساعت یک بعدازظهر به درازا کشید. تمامی دعاها، گفتارها و سرودها به زبان ارمنی بود. (در گفت‌وگوهای روزمرهٔ ارمنیان، زبان فارسی نیز شنیده می‌شود).

شرکت در آیین‌های کلیسا، در روزهای جشن، امری اجباری نیست. برخی از آنان، از مجموع ۵ دعای کلیسا، دو یا سه‌بار شرکت می‌کنند و برخی نیز بودند که در این چند روزه جشن، هیچ‌گاه در مراسم کلیسا حاضر نمی‌شدند.

قربانی کردن: هرچند قربانی کردن در مسیحیت یک فرضیهٔ دینی نیست، ولی در بین ارمنیان، به عنوان یک سنت همگانی، به همراه تبرک نمک انجام می‌گیرد. قربانی کردن در بین ارمنیان زمان معینی ندارد، بلکه به مناسبت‌ها (گرفتاری، نذر) با اجرای مراسمی، برگزار می‌شود[1].

در چند روز مراسم قره‌کلیسا، قربانی کردن گوسفند، زیاد دیده می‌شود. هرچند که روز معینی برای قربانی ندارند، ولی بیشتر در دو روز اول (پنج‌شنبه و جمعه، به‌ندرت در روز شنبه) قربانی می‌کنند. گوشت گوسفند قربانی ــ برخلاف آنچه در قربانی‌ها معمول است ــ بین تهیدستان و نیازمندان تقسیم نمی‌شود (ظاهراً تهیدست و نیازمند، جز یکی دو نفر، به‌چشم نمی‌خورد)، بلکه خانواده‌ها و خویشاوندان برای تهیه غذا و مهمانی مصرف می‌کنند. و به قول یکی از زائران: «نذر با ریختن خون گوسفند بر زمین انجام می‌پذیرد، اگر فقیر نبود، خودمان می‌خوریم.»

---

۱. «مراسم قربانی در کلیسای ارمنی به همراه تبرک نمک انجام می‌گیرد. بدین‌معنی که پیش از قربانی، ابتدا نمک از طرف روحانی تبرک می‌شود و آنگاه قربانی انجام می‌گیرد، و...». *اعیاد کلیسای ارمنی*، مبحث تبرک نمک و مراسم قربانی، ص ۱۳۷.

چوپانان منطقه در روزهای جشن، برای فروش گوسفند، به نزدیکی قره‌کلیسا می‌آیند. در روزهای اول و دوم، گوسفندان نزدیک به دو برابر بهای معمول به فروش می‌رسد[۱]، و در روز سوم (روز آخر) به اصطلاح «قیمت می‌شکند» و به نسبت ارزان می‌شود.

سرگرمی‌ها: در روزهای جشن و تا پاسی از شب رفته، دسته‌های مختلف، در گروه‌های سنی، یا خویشاوندی، به شادی، بازی، پایکوبی، انجام مسابقه‌های گونه‌گون، سواری، (روستاییان مجاور تعدادی اسب، قاطر و الاغ آورده و کرایه می‌دهند) ورزش و جمع‌آوری گیاهان دارویی در دامنهٔ کوه‌های مجاور ــ که فراوان و معروف است ــ می‌پردازند.

در سال‌های گذشته، فرآورده‌های کشاورزی و دامی منطقه و نیز کارهای دستی روستاییان مجاور برای فروش عرضه می‌شده است، که به علت کمبودها و محدودیت‌های ناشی از جنگ بسیار کم شده بود. و خرید و فروش منحصر به صلیب (چوبی و فلزی)، مجسمه‌های قدیسان و سوغات‌های متبرک اعتقادی گردیده بود.

بازگشت: جشن سه روزه و آیین‌های زیارتی قره‌کلیسا با مراسم دعای کلیسا، در بعدازظهر شنبه، تقریباً پایان می‌پذیرد، و به‌تدریج چادرها جمع‌آوری شده و عده زیادی غروب یا شب برمی‌گردند. خانواده‌هایی نیز که یک شب دیگر در آن‌جا می‌مانند، به ناگزیر یکشنبه برخواهند گشت. دعای روز یکشنبه کلیسا به منزلهٔ آخرین مرحلهٔ اجرای مراسم جشن قره‌کلیسا است.

برای ساکنان روستاهای مجاور که تقریباً همه مسلمان‌اند، برگزاری جشن سالانهٔ قره‌کلیسا امری آشنا است، و هنگام آمدورفت زائران ارمنی

---

۱. گوسفندی که در حدود ۴۰ کیلو (زنده) وزن داشت، نزدیک به سه هزار تومان به فروش می‌رسید. گویا قیمت متعارف این گوسفند ــ با وجود گرانی فعلی ــ در این منطقه نصف این قیمت می‌باشد.

و وسیله‌های نقلیه ـ که خواه‌وناخواه نظم و آرامش منطقه را به هم می‌زند ـ با گشاده‌رویی به استقبال می‌آیند.

هنگام بازگشت، روستاییان مسلمان منطقه، در گرد و غباری که از حرکت اتومبیل‌ها برمی‌خیزد، با «سفربه خیر» گفتن و دست تکان دادن، مسافران و زائران ارمنی را بدرقه می‌کنند. منظره‌ای که نمی‌تواند ترجیع‌بند هاتف را به یاد نیاورد:

در کلیسا به دلبری ترسا   گفتم ای دل به دام تو پابند
ای که دارد به تار زنّارت   هر سر موی من جدا پیوند
ره به وحدت نیافتن تا کی   ننگ تثلیث بر یکی تا چند
نام حق یگانه چون شاید   که «اَب» و «ابن» و «روح قدس» نهند
لب شیرین گشود و با من گفت   وز شکرخنده ریخت از لب قند
که گر از سر وحدت آگاهی   تهمت کافری به ما مپسند
در سه آیینه شاهد ازلی   پرتو از روی تابناک افکند
سه نگردد بریشم ار او را   پرنیان خوانی و حریر و پرند
ما در این گفت‌وگو که از یک سو   شد زناقوس این ترانه بلند
که یکی هست و هیچ نیست جز او
وحده لا اله الا هو

منابع:

۱. ***تاریخ ارمنستان***، تألیف خداوردیان، سارگیسیان، ابراهامیان و نرسیسیان، ترجمهٔ گرمانیک (دو جلد)، چاپ تهران (بی‌نام)، ۱۳۶۰.

۲. ***مسافرت به ایران و ارمنستان***، تألیف پ. آ. ژوبر، ترجمهٔ محمود هدایت، چاپ تابان، ۱۳۲۲.

۳. *ایرانیان ارمنی*، نوشتهٔ اسماعیل رایین، انتشارات امیرکبیر، ۱۳۵۲.
۴. *ارامنه در خاورمیانه*، رابرت هیوزن، ترجمهٔ هرایر خالاتیان، تهران، انتشارات الیک، ۱۳۴۶.
۵. *تاریخ مسیحیت ایران*، سعید نفیسی، تهران، انتشارات نورجهان، ۱۳۴۳.
۶. *کلیساهای ارامنه ایران*، از خانم لینا ملکمیان، نشر دفتر پژوهش‌های فرهنگی، ۱۳۷۱.
۷. مقاله «قره کلیسا»، از اندرانیک هوبان مجله *بررسی‌های تاریخی* شمارهٔ ۵، ۱۳۴۶.
۸. *اعیاد کلیسای ارمنی*، از اسقف آرداک مانوکیان، ترجمهٔ هرایر خالاتیان، نشر شورای ارامنه، ۱۳۶۰.

آیین‌های قالی‌شویان در مشهد اردهال

هر ساله، در مهرماه، به مناسبت شهادت امامزاده سلطان‌علی فرزند امام محمد باقر (ع)، آیین‌هایی در اردهال کاشان معروف به «مشهد اردهال» برگزار می‌شود. آیین‌هایی که از نظر مذهبی، قومی و منطقه‌ای درخور توجه و شاید بتوان گفت بی‌مانند است.

این آیین‌ها که خاص شیعیان منطقه است، (کاشان و قم سابقهٔ کهن شیعه دارند)[1] به‌تدریج با تظاهر اختلاف‌ها و رقابت‌های محلی و انگیزه‌های اقتصادی و نیز با آیین کهن مهرگان درهم آمیخته و از چند نظر شایستهٔ مطالعه و تأمل است.

از نظر مذهبی، اعتقاد مردم منطقه بر این است که در سال‌های پایانی سدهٔ اول هجری، شیعی مذهبانِ چهل‌حصاران (کاشان سابق) و فین،

---

۱. «اهل دارالمؤمنین مدت‌ها است در ظل تربیت امنای شریعت و حامیان شیعه اثناعشری آرمیده‌اند». ***تاریخ کاشان***، تألیف کلانتر ضرابی، انتشارات فرهنگ ایران زمین، ۱۳۴۱، ص ۲۱۱.

که از جور حاکمان به تنگ آمده بودند، عریضه‌ای به حضور امام پنجم، امام محمد باقر (ع)، نوشته و تقاضا کردند که آن حضرت یکی از فرزندان خود را برای راهنمایی، تعلیم و پیشوایی مردمان شیعه منطقه بفرستد. امام یکی از فرزندان خود، سلطان‌علی، را که به روایتی ۳۲ سال داشت، به کاشان فرستاد. پس از آن‌که وی، به‌مدت سه سال، در فین، کاشان، جاسب، خاوه و آبادی‌های شیعه‌نشین دیگر به تعلیم و تبلیغ پرداخت، حاکمان محلی، زرین کفش[۱] حاکم کاشان و زبیر نراقی، سپاهی فراهم و آن حضرت را در نزدیک آبادی «باریکرسف» کشتند. گروهی از مردم فین و خاوه که برای یاری رساندن دیر رسیده بودند، پیکر وی را در دامنهٔ کوه، محلی که به «مشهد اردهال» معروف است، به خاک سپردند[۲]. (بعضی از مورخان قبر علی‌بن محمدباقر (ع) را در جعفریه بغداد می‌دانند.)[۳]

از آن زمان هر ساله، در دومین جمعهٔ ماه مهر، مردمان زیادی ـ با خانواده یا تنها ـ از تمامی منطقهٔ کاشان، قم، نراق، محلات، اصفهان، گلپایگان، اراک، دلیجان و تهران به مشهد اردهال رفته و در «مراسم» مشهور به «قالی‌شویان» شرکت می‌کنند.

---

۱. چون یک پایش کوتاه بود، پاشنهٔ کفش زرین داشت.

۲. به کتاب‌های زیر مراجعه کنید: ترجمهٔ ***دیوان سید ابی‌الرضا راوندی*** (قرن ششم)، چاپ قم، ۱۳۳۴؛ ***تاریخ کاشان (مرأت‌القاسان)***، عبدالرحیم کلانتر ضرابی (سهیل کاشانی)؛ ***آثار تاریخی شهرستان‌های کاشان و نطنز***، تألیف حسن نراقی، انتشارات انجمن آثار ملی، ۱۳۴۸؛ و ***تاریخ زندگانی حضرت سلطان‌علی***، به‌قلم ملا عبدالرسول مدنی کاشانی، نشر اوقاف کاشان، ۱۴۰۸ قمری.

۳. تاج‌الدین‌بن زهره حسینی در ***غایت‌الاختصار فی‌اخبارالبیوتات‌العلویه*** و محب‌الدین‌بن النجر در ***تاریخ بغداد*** آرامگاه و ضریح امامزاده علی‌بن محمدباقر را در محلهٔ جعفریه بغداد می‌دانند (به کتاب ***منتهی‌الآمال***، تألیف حاج شیخ عباس قمی، کتابفروشی علمی ـ جاویدان، ص ۱۳۵ و ۱۳۶ نگاه کنید).

زمان برگزاری مراسم «قالی‌شویان»

در کهن‌ترین سندهایی که از مشهد امام‌زاده سلطان‌علی‌بن محمدباقر (ع) سخن رفته، در دو اثر از قرن ششم، ***دیوان سید ابی‌الرضا***[۱] و کتاب ***النقض***[۲]، به زمان شهادت اشاره نشده است. در ***تذکره سلطان‌علی***، تألیف ۱۳۲۴ شمسی (به نقل از نسخه‌ای خطی متعلق به ۱۳۰ سال پیش از آن)[۳]، «شهادت امام‌زاده پس از سه سال توقف در کاشان، در باریکرسف، در ۲۷ جمادی‌الاخر اتفاق افتاده است»[۴]. (پس از شهادت پدر، در سال ۱۰۴ و دریافت نامه‌ای از برادر امام جعفر صادق (ع)).

آن‌چه حافظهٔ جمعی برگزاری مراسم گواهی می‌دهد، شهادت آن حضرت در روز جمعه ۱۷ پاییز رعیتی یا زراعتی (۱۷ مهرماه جلالی) بوده است.

اگر به نسخهٔ خطی استناد کنیم، این تصور پیش می‌آید که شاید در آن سال ۲۷ جمادی‌الاخر مصادف با ۱۷ مهر بوده است، و ایرانیان زمان این واقعه را ـ به‌طور استثنا ـ بر مبنای گاهشماری خورشیدی حساب کرده‌اند. (تولد و شهادت امامان و امام‌زاده‌ها همه بر مبنای تقویم قمری است).

چون سال شهادت نیز معلوم نیست، اگر سال واقعه را بین سال‌های ۱۰۰ تا ۱۴۰ هجری قمری بدانیم، با مراجعه به ***گاهنامه تطبیقی***[5] می‌بینیم که در این چهل سال هیچ‌گاه ۲۷ جمادی‌الاخر با ۱۷ مهرماه جلالی (۱۱

---

۱. ترجمهٔ ***دیوان سید ابی‌الرضا*** (نیمهٔ اول قرن ششم، چاپ ۱۳۳۴).

۲. از عبدالجلیل رازی (نیمهٔ دوم قرن ششم).

۳. ***زیارت‌نامه و تاریخ زندگی حضرت سلطان‌علی*** (تذکره)، تألیف ملا عبدالرسول مدنی، نشر اداره اوقاف کاشان، صفر ۱۴۰۸ هـ.ق، از صفحه ۱۳ به بعد.

۴. در سال شهادت امام محمدباقر (ع) نیز اختلاف است، به ***منتهی‌الامال*** مراجعه شود.

۵. ***گاهنامه تطبیقی سه‌هزارساله***، تألیف احمد بیرشک، شرکت انتشارات علمی و فرهنگی، ۱۳۶۷.

مهرماه رسمی کنونی) برابر نبوده است. ولی در این چهل ساله، ۲۷ جمادی‌الاخر ۶ بار جمعه بوده، که از آن جمله، جمعه ۷ مهرماه سال ۱۱۱ قمری است[۱].

برگزاری مراسمی که یادآور شهادت امامزاده سلطان‌علی است، بر مبنای گاهشماری خورشیدی، و نیز همزمانی آن با آیین‌های کهن مهرگان، و نمود برخی جلوه‌های مهرگان، در این گردهمایی سالانه، نمی‌تواند پرسش‌انگیز نباشد.

نظری را که زنده‌یادان، سعید نفیسی و جلال آل احمد[۲] دربارهٔ جلوه‌های آشکار آیین‌های مهرگان در مراسم قالی‌شویان ابراز داشته‌اند، نمی‌تواند به ذهن بیننده و شرکت‌کننده‌ای که در این روز به مشهد اردهال آمده، گذر نکند.

در گاهشماری کهن ایران ــ به‌جای نام روزهای هفته ــ هریک از سی روز ماه را نامی است. شانزدهمین روز ماه به نام «مهر» است و، براین بنا، مهرگان شانزدهمین روز ماه مهر (تقویم جلالی) و دهمین روز مهر (تقویم رسمی امروز) است.[۳] مراسم قالی‌شویان نیز تا سال‌های آغازین این قرن که تقویم جلالی رایج بود، در دومین یا سومین جمعهٔ ماه مهر (روزی که به مهرگان نزدیک بود) برگزار می‌شد. اکنون که مهرگان دهم ماه مهر است، مراسم قالی معمولاً در دومین جمعه ماه مهر انجام می‌شود.

---

۱. از سال ۱۰۰ تا ۱۴۰ هجری قمری، به گواهی *گاهنامه تطبیقی*، در سال‌های ۱۰۳، ۱۰۶، ۱۱۱، ۱۱۹، ۱۲۷، ۱۳۵، روز ۲۷ جمادی‌الاخر جمعه است.

۲. *ارزیابی شتابزده*، جلال آل احمد، انتشارات امیرکبیر، ۱۳۵۷، مقالهٔ مهرگان در اردهال.

۳. در تقویم شمسی جلالی ـ زردشتی، ماه‌ها سی روز است و پنج روز باقی مانده سال را با برگزاری آیین‌هایی به شمار دوازده ماه نمی‌آوردند. از سال ۱۳۰۴ خورشیدی، شش ماه اول سال، ۳۱ روز به‌شمار آورده شد و در نتیجه مراسم خمسه رو به فراموشی رفت. در این تغییر، آیین مهرگان از ۱۶ مهر به ۱۰ مهر آمد که در هر دو صورت، صدونودوشمین روز سال است.

آیین‌ها و بازارهای سالانه پاییزی و برگزاری آن‌ها در روز جمعه، روز فراغت، پیشینه‌ای کهن دارد و نمونهٔ دیگری از آن را در نخستین جمعهٔ ماه تیر در یکی از آبادی‌های آشتیان سراغ داریم، که در پی خواهد آمد.

از طرف دیگر، ایرانیان شیعی مذهب برگزاری آیین‌ها و رسم‌های پیش از اسلام را، اگر مغایر با اصول اعتقادی نبود، نفی نمی‌کردند، و برخی از آن‌ها هنوز برگزار می‌شود، که یکی از نمونه‌ها را در کاشان می‌بینیم. واقفی در آبادی استرک، ملکی را، در ۱۳۱۱ قمری، برخامس آل‌عبا وقف کرده و در آن سهمی را به برگزاری مراسم خمسه مسترقه (پنجه)[۱] که از آیین‌هایی پیش از اسلام است، اختصاص داده، و آورده است که: «... بقیه منافع او را (آن را) همه ساله برنج ابتیاع نموده و از آخر خمسه مسترقه به تمام اهالی استرک، وضیع و شریف، ذکور و اناث، صغیر و کبیر، بالسویه برسانند[۲].»

بدین‌ترتیب، این همزمانی‌ها می‌تواند وسیله و فرصتی برای نگاهبانی هر آیین باشد.

روند برگزاری مراسم[۳]

مراسم قالی‌شویان، افزون بر زمینهٔ اعتقادی و مذهبی، شامل رفتارها و کردارهایی است که نمایش‌دهندهٔ برخوردهای محلی و قومی و در شمار «فرهنگ عامه» می‌باشد.

---

۱ و ۲. به کتاب ***نمودهای فرهنگی و اجتماعی در ادبیات فارسی***، انتشارات آگاه، ۱۳۷۵، وقفی بر خمسه مسترقه ص ۲۴۷، مراجعه شود.

۳. آن‌چه دربارهٔ «روند برگزاری مراسم» می‌خوانید، افزون بر مشاهده و مشارکت (در مهرماه ۱۳۵۴ و مهرماه ۱۳۷۱)، آگاهی‌هایی است که در محل و در تهران از چند نفر فینی، خاوه‌ای، نشلجی و کاشانی، به‌دست آمده است.

آنچه برگزاری مراسم را شکل می‌بخشد، نشان‌دهنده و یادآور عکس‌العمل‌های مردم آبادی‌های منطقه پس از شنیدن خبر یاری خواستن امامزاده سلطان‌علی است. نخستین گروهی که به یاری شتافتند از مردم فین بودند، که دیر رسیدند. می‌گویند امامزاده مجروح، در واپسین دم، از فینی‌ها خواست که او را در دامنهٔ کوه دفن کنند و ماهی یک‌بار به دیدن قبرش که غریب و تنها مانده، بیایند. آنان گفتند که از راهی دور باید بیایند و ماهی یک‌بار برایشان دشوار است. امامزاده فرمود پس سالی یک‌بار بیایید و آنان قول دادند. گروه فینی پس از جان‌سپاری امامزاده به مراسم کفن و دفن مشغول بودند که گروهی از مردم خاوه (خابه) رسیدند و در خاک‌سپاری کمک کردند؛ و مردم نشلج (نشلگ) که در رساندن نامهٔ حضرت به مردم فین نیز کوتاهی کرده بودند، یک هفته پس از شهادت به «مشهد اردهال» آمدند. بر همین روال، در برگزاری مراسم نیز جمعهٔ اول به فینی‌ها و خاوه‌ای‌ها و جمعهٔ دوم به نشلجی‌ها تعلق دارد.

هفتهٔ جار

از آن‌جا که ممکن بود برگزاری مراسم، جمعهٔ دوم یا جمعهٔ سوم مهر باشد، (جمعه‌ای که به ۱۷ مهر نزدیک‌تر بود) یک هفته زودتر، تاریخ دقیق آن را پیران، حاکمان و کدخدایان فین مشخص می‌کنند، و از فردای آن روز، در مسجد، حسینیه و گذرهای فین، «جارچی» روز برگزاری را بدین‌سان جار می‌کشد: «آهای، آهای! مردم فین از مرد و زن، کوچک و بزرگ، همه بشنوید؛ حتی بچه‌های هشت ساله. باید روز جمعه در مشهد قالی در صحن حضرت سلطان‌علی معروف به صحن سردار کاشی، جمع شوید و چوب‌های خود را همراه داشته باشید. آهای، آهای!» و به خاوه‌ای‌ها و نشلجی‌ها خبر می‌دهند. در بازار و میدان کاشان هم جار می‌کشند. و به شهرهای نزدیک دیگر نیز خبر می‌رسد. کاسب‌ها،

دکان‌دارها، از چند روز پیش برای تهیهٔ جا و عرضهٔ کالا به محل می‌روند. فروشندگانِ فراورده‌های کشاورزی، صنعتگران محلی خود را برای «جمعه قالی» آماده می‌کنند. آغاز پاییز است، زمان استراحت و خریدن و انبارکردن نیازمندی‌ها. با تغییر تقویم و انتقال مهرگان از ۱۶ مهر جلالی به ۱۰ مهر، جمعه قالی نیز تقریباً در دومین جمعه، که به ۱۷ پاییز رعیتی (۱۱ مهر رسمی) نزدیک‌تر است، برگزار می‌شود. و اکنون با از پیش اعلام شدن در رسانه‌های گروهی ــ رادیو، تلویزیون و روزنامه‌ها ــ اهمیت «هفته‌جار» کم شده است. ولی با این‌همه، این «واقعه» (به گفتهٔ فینی‌ها)، برای مردم منطقهٔ کاشان و پیرامون آن، از نظر مذهبی، اقتصادی، سنتی و ملیتی؛ در واقع «واقعه»‌ای است که ماه‌ها انتظارش را می‌کشند.

موقعیت مشهد اردهال

در ۴۲ کیلومتری غرب کاشان، در فضای کوهستانی، هفت ده به نام‌های اردهال، باریکرسف، علوی، غیاث‌آباد، جوشق، خاوه و گل‌جار واقع شده است.[۱]

در دامنهٔ کوه، که به مشهد اردهال معروف است، بنای مقبرهٔ امام‌زاده سلطان‌علی، با گنبد بزرگ سبز و دو گلدستهٔ بزرگ (و گلدسته‌هایی کوچک‌تر) و ایوان‌ها و گچ‌بری‌ها و کاشی‌نوشته‌هایی که می‌گویند در دورهٔ سلجوقیان ساخته شده و در عهد صفویه و قاجاریه تکمیل و تعمیر و تزیین گردیده، واقع شده است. درهای بزرگ حرم از شمال به چراغ‌خانه حضرت، از جنوب به تالار صفا و صحن آن از مشرق به صحن سردار کاشی و از غرب به مسجد و آرامگاه شاهزاده احمد و شاهزاده اسماعیل

---

۱ این آبادی‌ها در قدیم جزو اصفهان بودند و مدتی بعد تابع قم شدند و سپس به کاشان پیوستند، و پنجاه سال پیش روستاهای غربی آن به محلات ملحق شدند و بالاخره در سال‌های اخیر به دلیجان الحاق گردیدند.

باز می‌شود. در کنار این مجموعه، بازارچه‌ها و سکوها و دکان‌هایی که در هفتهٔ قالی، محل عرضه کالا است، قرار دارد.

در شیب دامنه، به فاصلهٔ نیم کیلومتری چشمه باریکرسف و مقبره شاهزاده حسین (امامزاده‌ای که او را از خویشان سلطان‌علی می‌دانند و در مراسم قالی‌شویان کمتر مورد توجه است) با مهمانسرای آن و خانه‌های ده باری‌کرسف قرار دارد. مراسم قالی‌شویان در این دو محل برگزار می‌شود.

شب زیارتی

خانواده‌هایی که همه‌ساله، بنابر سنتی کهن، از شهرها و آبادی‌های دور و نزدیک به مشهد اردهال و شرکت در «جمعه قالی» می‌روند، شب پیش از مراسم که به «شب زیارتی» معروف است، در خانه‌های باریکرسف و مسافرخانهٔ نزدیک مشهد و یا در فضای آزاد کوهستان به‌سر می‌برند، و به‌صورت گروهی به زیارت می‌روند و به دیدوبازدید آشنایانی که در این موقع فرصت دیدارشان را دارند، می‌پردازند و ضیافت می‌دهند.واین‌رسم،دست‌کم در ۱۲۶ سال پیش (۱۲۸۸ قمری) برقراربوده:

> ... از جمیع نواحی کاشان و قم و ساوه، از آن‌طرف الیٰ سلطان‌آباد و از این طرف الیٰ محال اصفهان در قریه مشهد غالی (قالی) اجتماع کنند، از زن و مرد و در تمام خانه‌های آن قریه و قریه‌های متصل به آن منزل نمایند. و در جلگه وسیع مقابل بارگاه که بسیار جای باصفایی است، چادرها زنند و خیمه‌ها برافرازند و نیز در بساتین و کنار نهرها و سایه درخت‌ها ساکن شوند و انواع اصناف از پوشاکی و خوراکی و سایر ضروریات آورده در غرفه‌های صحن وسیع مقدس و در سایر محوطه آستانه،

بساط‌های رنگین می‌گسترند[1].

جمعه قالی

مردمی که صبح زود از راه دور و نزدیک آمده و یا شب را در آن جا گذرانده‌اند، به‌تدریج نزدیک چشمه جمع می‌شوند و منتظر دستهٔ فینی‌ها می‌مانند. دستهٔ فینی‌ها با چوب‌هایی که از طرف گردانندگان مراسم در اختیار آن‌ها گذاشته شده و یا خود داشته و سال‌ها از آن در جمعه قالی استفاده کرده‌اند، به میان جمعیت می‌آیند. در قدیم فینی‌ها، با سلاح در مراسم شرکت می‌کردند. عبدالرحیم کلانتر ضرابی می‌نویسد: «... از پیر هشتاد ساله‌ایی بچه هشت ساله، هرچه بتواند سلاح رزم بر خود طراز کند. و در سنوات سابقه، هیچ سالی نبود که در آن روز چندین فتنه و مفسده بزرگ برپا نشود و چند قتل واقع نگردد...»[2]

نزدیک ظهر چوب‌بدستان فینی برای گرفتن قالی به سوی آرامگاه سلطان‌علی به‌راه می‌افتند. این فاصلهٔ پانصدمتری را فینی‌های هیجان‌زده با به جنبش درآوردن چوب‌ها، به پیرامون خود، که نشان‌دهندهٔ رزم‌جویی و تهدید دشمن است، طی می‌کنند. در بین راه اگر کسی از مردم آبادی‌های دیگر بخواهد با دستهٔ فینی‌ها همراهی کند، و با شرکت در قالی‌شویی به ثواب برسد، به‌ویژه اگر اهل آن محلی باشد که در زمان شهادت آن حضرت مردمش به‌یاری نیامده باشند، به‌هیچ روی فینی‌ها اجازه نمی‌دهند وارد جمع شود. دو سال پیش هم شاهد ستیزه‌هایی از این‌گونه بودیم. می‌توان گفتهٔ صاحب تاریخ کاشان را، که در ۱۲۸۸ قمری نوشته شده، باور کرد که: «...اگر شخص ساده‌لوحی به جهت تیمن و

---

۱. تاریخ کاشان، یا مرأت‌القاسان، تألیف عبدالرحیم کلانتر ضرابی (سهیل کاشانی)، به کوشش ایرج افشار، انتشارات فرهنگ ایران زمین، چاپ دوم، ۱۳۴۱، ص ۴۳۲.
۲. همان، ص ۴۳۳.

تبرک، پنجاه هزار تومان بدهد، که در آن روز دست بگوشه غالی (قالی) بگذارد، (فینی‌ها) قبول نکنند. و اگر بیچاره‌ای از بابت عدم اطلاع بر قاعده آن‌ها، غفلتاً برسد و دست بر گوشه غالی بگذارد، هزار چماق و قمه و انواع حربه بر او فرود آورند.[۱]»

غیرفینی‌هایی هم در اجرای این مراسم شرکت دارند که جنبهٔ موروثی دارد:

۱. چون یکی از مردمان کاشان در خدمت سلطان‌علی بوده، و برای آن حضرت جانماز می‌انداخته، از آن زمان تا به‌حال، یک‌نفر از همان خانواده، که ریش‌سفید و بزرگ فامیل است، سوار بر اسب، در حالی‌که جانماز، به سینهٔ خود آویخته، با قرآنی در دست راست و تسبیحی در دست چپ، در جلوی دستهٔ فینی‌ها حرکت می‌کند.

۲. چون خاوه‌ای‌ها حضرت را دعوت کرده و عده‌ای نیز در رکاب وی شهید شدند، هر سال چند نفری از آن‌ها حق دارند در جلو دستهٔ فینی‌ها شال عزا به‌گردن بیاویزند.

لعنت‌بادها

فینی‌های به هیجان آمده، در جریان مراسم، به مردم بعضی از آبادی‌های منطقه که حضرت را یاری نکرده‌اند، لعنت می‌فرستند. صدای بلند «لعنت‌باد»های گوینده یا گردانندهٔ مراسم و پاسخ گروهی «بیش‌باد»ها، در واقع نوعی رقابت، تصفیه حساب و مبارزه‌طلبی با آبادی‌های همجوار است. این‌گونه «برخورد»ها، در شهرها و آبادی‌های دیگر نیز به‌صورت‌های متفاوت در مراسم عزاداری بین محله و طایفه‌ها دیده می‌شود، که از جمله، دعواهای «حیدری ـ نعمتی» معروف است.

امید است که این «لعنت‌باد»ها (ریشه و علت آن را فردای مراسم در

---

۱. *همان*، ص ۴۳۴.

جمعی که برخی از آنان اهل آبادی‌هایی بودند، که درباره‌شان «لعنت‌باد» گفته می‌شد، جویا شدم)، که به نیت اظهار ارادت به حضرت سلطان‌علی است و در مراسم سال ۱۳۷۱ بسیار کم‌رنگ شده بود، مانعی برای دوستی‌ها و همکاری‌های مردم این آبادی‌ها نباشد؛ که نیست.

ــ بر ۳۶۶ نراقی به سرکردگی زبیر نراقی لعنت (زبیر حاکم نراق عده‌ای را بر کشتن امامزاده به باریکرسف و اردهال فرستاد)،

ــ بر زرین بارکرسی (باریکرسفی) لعنت (زرین کفش حاکم باریکرسف، که با زبیر نراقی در قتل امامزاده شرکت داشته)،

ــ بر قولِ نشلگیان (نشلجیان) لعنت (یکی از نشلجیان قول داده بود که نامهٔ حضرت را زود به مردم فین برساند، ولی نامه را دیر رسانید)،

ــ بر پا پهن آرونیان لعنت (عده‌ای از آرونی‌ها، با پای برهنه، فقط برای تماشا آمده بودند، می‌گویند از آن زمان پای آن طایفه‌ها پهن است)،

ــ بر سم خر کاشانیان لعنت (کاشانی‌ها برای این‌که خران خود را نعل کنند، دیر رسیدند)،

ــ بر خر سفید علی آبادیان لعنت (علی آبادی‌ها که خر سفید داشتند، دیر آمدند)،

ــ بر کُل کُلجاریان لعنت (در یکی از آبادی‌ها برای «کُل» مردم «جار» کشیدند که به کمک حضرت بیایند و نیامدند. از آن زمان، آبادی را «کُل‌جار» نامیدند. می‌گویند کلجاری‌ها آن حضرت را آزار رسانیدند و چون با دست محل و منزل امامزاده را به دشمن نشان دادند، هرچه لباس بدوزند، یک آستین آن کوتاه خواهد ماند)،

ــ بر افساردزد راوندیان لعنت (می‌گویند راوندی‌ها در آن روز افسار «مال‌های سواری» را می‌دزدیدند)،

ــ بر بیا و برو مرقیان لعنت (مرقی‌ها به‌جای این‌که حمایت کنند، فقط به آمدورفت می‌پرداختند).

از عقوبت‌هایی که می‌گویند در خانوادهٔ آزاردهندگان به آن حضرت -

باقی‌مانده، غیر از پهن ماندن کف پای آرونیان، و کوتاه ماندن آستین کلجاریان (هرقدر هم بلند بدوزند) این است که در یکی از آبادی‌ها رئیس طایفه‌ای چهار دخترش را لخت در مقابل سجادهٔ نماز سلطان‌علی می‌برد، حضرت روی خود را برمی‌گرداند، دشمنان از این فرصت استفاده کرده، وی را با شمشیر و نیزه از پای درمی‌آورند. می‌گویند که از آن زمان مردمان آن طایفه دُم دارند.

فینی‌های چوب به‌دست، با انبوه جمعیتی که آن‌ها را همراهی می‌کند، با فریاد «لعنت‌باد» و فریادهای «بیش باد» خود را به صحن سردار کاشی، جلو حرم می‌رسانند. در آن‌جا قالی لوله شده‌ای را، که نماد و یادآور جسد در فرش پیچیدهٔ امامزاده است، از خادمان حرم تحویل گرفته و سینه‌زنان و نوحه‌خوانان و شیون‌کنان، آن را سر دست برداشته و به طرف چشمه می‌روند. در این‌جا دیگر نشانی از «لعنت‌باد»ها نیست. تظاهرهای خشمگینانه جای خود را به رفتارهای غمگنانه می‌دهد، با این‌که هنوز فینی‌ها مواظب‌اند که مردم دیگر آبادی‌ها به قالی دست نزنند. از فردای مراسم، تظاهری از اختلاف و نزاع در آمدورفت‌های مردم این آبادی‌ها دیده نمی‌شود. آن‌ها خود می‌گویند که در «لعنت‌باد»ها، منظور، مردمان زمان امامزاده سلطان‌علی است. امروز بین مردم فین و خاوه با آبادی‌های دیگر رابطهٔ دوستی و نیز پیوندهای زناشویی کم نیست.

در کنار چشمه با چوب‌هایی که در دست دارند، به قالی آب می‌پاشند یا گوشه قالی را در آب می‌اندازند. این «قالی‌شویان» نشانهٔ شستن و غسل دادن جسد نیست و معتقدند که فینی‌ها، وقتی خواستند بدن را غسل دهند، زخم‌های فراوان و خون‌آلود، آن‌ها را بازداشت[1].

بعد قالی را، به‌همان ترتیب که آورده بودند، بر سر دست بلند کرده و به آرامگاه بازمی‌گردانند. در نزدیکی آرامگاه، خاوه‌ای‌ها قالی را از

۱. از نظر دینی، کشته‌شدگان را بدون شستن و غسل دادن به خاک می‌سپارند.

فینی‌ها می‌گیرند و به‌طرف حرم می‌برند، که یادآور زمان شهادت امامزاده است. معتقدند که در آن روز مردم خاوه دیرتر رسیدند و موقع دفن جسد بود که نعش را از فینی‌ها گرفته به خاک سپردند. در مراسم دومین جمعهٔ مهرماه نیز سپردن قالی به آرامگاه به‌وسیلهٔ خاوه‌ای‌ها انجام می‌گیرد. این مراسم، نزدیک ظهر پایان می‌پذیرد؛ زمان به خاک‌سپاری امام‌زاده سلطان‌علی.

بعد از مراسم

با سپردن قالی به جایگاه اختصاصی در حرم، مراسم «قالی‌شویان» پایان می‌پذیرد و چوب‌های فینی‌ها تا مراسم سال آینده به انبار می‌رود. شرکت‌کنندگان در مراسم که شمارشان «بسیار زیاد»[1] است، گروهی در مجلس وعظ و سخنرانی ــ که جنبهٔ رسمی پیدا کرده ــ شرکت می‌کنند، جمعی بیشتر به بازار سالانه ــ که از صبح زود پر از جمعیت است ــ رو می‌آورند. و بازار سالانه در تمامی روز ــ و نیز روز پیش و روزهای بعد ــ از خانواده‌ها و مشتری‌های آبادی‌های منطقه خالی نیست.

ناهار را خانواده‌ها با غذایی که با خود آورده‌اند، در دامنهٔ کوهستان و سایهٔ درختان می‌خورند، و یا در غذاخوری‌ها و غذا فروشی‌هایی که برای این روز آماده شده، صرف می‌کنند. چند مؤسسهٔ خیریه و سازمان اوقاف نیز عده‌ای از مهمانان و دعوت‌شدگان را پذیرا می‌شوند.

کمبود مسائل رفاهی، ازدیاد جمعیت، که در اثر اشاعهٔ تکنولوژی

---

۱. البته می‌دانیم که «بسیار زیاد» گویای مطلب نیست، و تنها برای توجه دادن به فراوانی است. متأسفانه در دو سفر اخیر، به‌دست آوردن آماری، هرقدر هم کلی، مقدور نگردید. رقمی که صاحب ***تاریخ کاشان*** از شمار شرکت‌کنندگان سال ۱۲۸۸ قمری می‌دهد: «... جمعیتی به قدر پنجاه هزار نفر در اطراف نهرند» (همان منبع، ۴۳۴) در حد «بسیار زیاد» است.

جدید فزونی گرفته، باعث می‌شود که عده زیادی از همان لحظهٔ پایان مراسم، راه بازگشت را پیش بگیرند، به‌ویژه کسانی که از راه تبلیغ در رسانه‌های گروهی، و شنیدن از آشنایان، برای سیاحت و زیارت به مشهد اردهال و جمعه قالی آمده‌اند.

رسانه‌های گروهی، محدودیت زمانی زندگی شهری و صنعتی و وجود وسیله‌های آمدورفت سریع‌السیر ـ اتومبیل، اتوبوس، وانت‌بار و موتورسیکلت ـ باعث شده که هم بر شمار شرکت‌کنندگان افزوده شود و هم از زمان توقف در مشهد اردهال کاسته گردد، و همچنین مردم آبادی‌های مجاور، آرامش و برخورداری از دیدار آشنایان و امکان خرید نیازمندی‌های فصلی و سالانه را هم، به مقدار زیادی، از دست داده‌اند[1].

بازار سالانهٔ مشهد اردهال

روز پیش از جمعهٔ قالی‌شویان، سوداگران، دکانداران، صنعتگران و فروشندگان فراورده‌های کشاورزی، از آبادی‌ها و شهرهای منطقه، کالاهای خود را برای فروش عرضه می‌دارند. در کنار امامزاده سه صحن است که به ترتیب به کاسب‌های فین و کاشان و قم تعلق دارد. افزون بر آن، بازارچه‌هایی که در گذشته سرپوشیده بوده و نیز، بخشی از فضای آزاد بین آرامگاه‌وچشمه‌باری‌کرسف‌که دست‌فروشان بساط خود را پهن می‌کنند.

همان‌گونه که در یاری رساندن به آن حضرت، آبادی‌های منطقه تقدم

---

۱. یکی از *پیرزائران* مشهد اردهال می‌گفت: «۵۰ سال پیش، در چند روزی که این‌جا بودیم، همه را می‌شناختیم، فینی‌ها، خاوه‌ای‌ها، راوندی‌ها، کاشانی‌ها و... با همه آشنا بودیم. سلام و علیک داشتیم. جمعیت زیاد بود ولی نه تا این اندازه. امروز به‌زحمت می‌توانیم دوست و آشنایی را ببینیم». امید است بتوان در سفر آینده آماری از شرکت‌کنندگان و کالاهای بازار سالانهٔ مشهد اردهال به‌دست آورد.

و تأخر داشتند، در زمان عرضه کردن کالا و اشغال محل نیز فروشندگان آبادی‌ها متفاوت‌اند. مثلاً نشلجی‌ها چون یک‌هفته دیرتر به‌یاری امامزاده آمدند، حالا هم جمعهٔ بعد نوبت آن‌ها است.

مردم منطقه در این چند روز نیمهٔ مهرماه که زمان فراغت از فعالیت‌های کشاورزی است، از فرصت استفاده کرده، برای خرید کمبودها و فروش فرآورده‌ها، به بازار اردهال می‌آیند. برپاکردن بازار روز در مهر ماه و مهرگان، پیشینه‌ای کهن دارد. ابوریحان بیرونی می‌نویسد: «... این روز را مهرگان گویند (...) و در این روز برای ایرانیان بازاری برپا می‌شود.[۱]» در مهرماه ۱۳۵۴، پیرمردی را دیدیم که مقداری گردو بار الاغ داشت و برای فروش عرضه می‌کرد. می‌گفت که از کودکی همراه پدرش گردو و انار به‌بازار می‌آورده است. ۸ یا ۱۰ ساله بوده که پدرش از این بازار برایش کفش خرید و نخستین کفشی بوده که پوشیده است.

در این سال، هنوز دست‌فروشانی که فرآورده‌های محلی، نخود، گردو، ابزارهای آهنی و ظرف‌های مسین را در کنار فروشندگان دوربین عکاسی، صفحه و نوار موسیقی عرضه کرده بودند، کم نبود.

در بازارهای روز، معمولاً ابزارها و فرآورده‌هایی عرضه می‌شود که به اصطلاح «باب روز» است، و فروشندگان به‌خوبی می‌دانند که باید کالاهایی را ارائه کرد که مردم از نظر نیازمندی‌های مادی، روحی، تفریحی، آموزشی و... طالب آن هستند. معروف است که اگر خواستید شهر، منطقه یا محله‌ای را بشناسید، «بازار روز» آن‌جا را، که معمولاً «بازار هفتگی»[۲] است، مطالعه کنید. ممکن است، کالاهایی را که امکان فروش آن اندک است، در یک مغازه پیدا کرد، ولی فروشندگان برای عرضه کردن

---

۱. *آثارالباقیه*، ترجمه اکبر داناسرشت، انتشارات امیرکبیر، ۱۳۶۳، ص ۳۳۷.

۲. بازارهای هفتگی با نام یکی از روزها (شنبه بازار،...) مشخص می‌شود. شهر دوشنبه، مرکز تاجیکستان، در گذشته به دوشنبه بازار معروف بوده است.

در بازار روز بیشتر کالاهایی را انتخاب می‌کنند که می‌دانند «خریدار» دارد. سیمای بازار سالانهٔ مشهد اردهال و کالاهای عرضه شده، در فاصلهٔ ۱۷ ساله بین دو سفر (۱۳۵۴ - ۱۳۷۱)، وضع بازار، نوع کالاها و خریداران، دگرگونی چشمگیری داشت[۱].

زیارتگاه‌ها و بازارها

تشکیل بازارهای روز، هفتگی و سالانه، در کنار زیارتگاه‌ها و امامزاده، ویژهٔ مشهد اردهال نیست. در شهرها و آبادی‌های دیگر ایران نیز دیده می‌شود.

در کنار یکی از زیارتگاه‌های نزدیک آشتیان، هر ساله در نخستین جمعهٔ ماه تیر، بازار سالانه‌ای تشکیل می‌شود و مردم منطقه ـ بیشتر با خانوادهٔ خود ـ برای خرید، دیدن آشنایان و گذراندن یک روز فراغت، در آن‌جا گرد می‌آیند؛ خانواده‌ها با خود غذا می‌برند. برخی از نمایش‌های ورزشی نیز برگزار می‌شود.

در آبادی آهو (در آشتیان) نیز هر ساله در یکی از جمعه‌های فصل بهار، بسیاری از مردم آشتیان، تفرش، فراهان، در کنار امامزاده محل ـ در صحرا و باغ‌های نزدیک ـ گرد می‌آیند. بازاری نیز در فضای وسیع زیارتگاه تشیکل می‌شود.

در میبد، در کنار و صحن امام‌زاده خدیجه خاتون، پنج‌شنبه‌ها بازاری برپا است و میبدی‌ها بسیاری از نیازهای هفتگی خود را (سبزی، پارچه، کاشی میبد، باطری رادیو و...) از آن‌جا می‌خرند.

بازار سالانهٔ زیارتگاه «خانه کعبه»؛ در روزگاری کهن، برای قبیله‌ها و طایفه‌های عرب محلی برای خرید نیازمندی‌های فصلی و سالانه بوده،

---

۱. دریغ که در آن سفرها امکان و نیروی لازم برای مطالعهٔ کالاهای عرضه شده و خریداران فراهم نگردید.

که امروز در بعد جهانی نیز بازارش برقرار است.

در مورد زیارتگاه‌های شهرهای مذهبی مشهد و قم، چون زمان معینی در سال برای زیارت ندارد و زیارت‌کنندگان در همهٔ فصل‌ها و ماه‌ها، و از همهٔ شهرها به آن‌جا می‌روند، در نتیجه بازارهای کنار حرم نیز دائمی است، و زیارت رفتن، خرید را همراه دارد، به‌ویژه اگر زائر از شهری دوردست آمده باشد.

افزون بر خرید نیازمندی‌های شخصی، رسمی کهن است که آشنایان و خویشاوندان، از کسانی که از شهرهای زیارتی برمی‌گردند، انتظار بیشتری برای «سوغاتی» و «ره آورد» دارند، و البته این انتظار از زائران مکه، مشهد، قم و مشهد اردهال به یک اندازه نیست. معمولاً هرچه راه دورتر باشد، توقع سوغات هم بیشتر است.

با پیشرفت تکنولوژی و فراوانی وسیله‌های آمدورفت سریع‌السیر، و فزونی گرفتن سفرها، و یافتن هر نوع کالایی در بازار محله، دیگر نه چیزی «سوغات» است و نه کسی انتظار آن را دارد.

جمعه نشلجی‌ها

یک هفته بعد از جمعه قالی، یعنی جمعه‌ای که فینی‌ها و خاوه‌ای‌ها، «میدان‌دار» آن هستند، جمعهٔ نشلجی‌ها است، که معمولاً جمعهٔ سوم ماه مهر است. می‌گویند که مردم نشلج یک‌هفته دیر به یاری آمدند، حالا هم باید هفتهٔ دوم بیایند. (نشلج در یک‌فرسنگی اردهال است.) در گذشته فینی‌ها و خاوه‌ای‌ها، آن‌ها را از شرکت در «جمعه قالی» منع می‌کردند. نشلجی‌ها، از لباسشان (شلوار مشکی گشاد و پیراهن سفید چلوار و کلاه نمدی) متمایز بودند. آن‌ها حق نداشتند در جمعه قالی کالا و فراورده‌های خود را به بازار عرضه کنند.

جمعهٔ نشلجی‌ها بیشتر جنبهٔ خانوادگی دارد، به‌ویژه همسران جوانی

که نخستین سال ازدواجشان است، از همه آبادی‌های منطقه با خویشاوندان عروس و داماد به کنار چشمهٔ شاهزاده حسین و باغ و صحرای نزدیک آن آمده و عصر جمعه دسته جمعی به زیارت حرم سلطان‌علی می‌روند و بر سر عروس و داماد «نقل و نبات» می‌ریزند.

زیارتگاه‌های دیگر

درست است که مراسم قالی‌شویان، در دومین جمعهٔ ماه مهر با نام و یاد امامزاده سلطان‌علی برگزار می‌شود، زیارتگاه‌های دیگری نیز در پیرامون این فضای کوهستانی وجود دارد؛

ـ امامزاده شاهزاده حسین در کنار چشمهٔ باری‌کرسف،

ـ سنگی که آخرین پناهگاه و محل برگزاری نماز سلطان‌علی بوده،

ـ زیارت علوی، در سوراخ کوه جایی به اندازهٔ یک خشت چراغ روشن می‌کنند و زنان دوده چراغ را با میل سرمه به‌چشم می‌کشند. می‌گویند سرمهٔ حضرت فاطمه است، و کسی که به‌چشم بکشد درد چشم نمی‌گیرد،

ـ شاهزاده احمد و شاهزاده اسماعیل در ضلع جنوب غربی آرامگاه سلطان‌علی،

ـ شاهزاده زین‌الدین در نیم کیلومتری مشهد اردهال،

ـ و نیز بایستی از آتشکدهٔ «نیاسر» در کنار چشمه‌غار، نزدیک مشهد اردهال نام برد، که آن را از زمان اردشیر ساسانی می‌دانند، و خود سخنی دیگر است.

غروب جمعه، زائران همه به شهرها و آبادی‌های خود برمی‌گشتند، جمعیت پراکنده می‌شد؛ پراکندگانی که برای یک نیت جمع شده بودند. مشهد اردهال را با بیتی چند از ترجیع‌بند هاتف بدرود می‌گوییم:

گــــر بـــه اقــلیم عشــق روی آری
هـــمه آفـــاق گـــلستان بـــینی
بـــــی‌سروپا گـــدای آن‌جـــا را
ســـر ز مـــلک جـــهان گـــران بـــینی
هـــم در آن پـــابرهنه جـــمعی را
پـــای بـــر فـــرق فـــرقدان بـــینی
هـــم در آن ســـر بـــرهنه قـــومی را
بـــر ســـر از عـــرش ســـایبان بـــینی
گـــاه وجـــد و ســـماع هـــریک را
بـــر دوکـــون آســـتین فشـــان بـــینی
....
....
تـــا بـــه جـــایی رســـاندت کـــه یکـی
از جـــــهان و جـــــهانیان بـــــینی
بـــا یکـــی عشـــق ورز از دل و جـــان
تـــا بـــه عـــین‌الیـــقین عـــیان بـــینی
که یکی هست و هیچ نیست جز او
وحـــــده لا اله الا هـــــو

منابع:

۱. *تاریخ کاشان (مرأت‌القاسان)*، تألیف عبدالرحیم کلانتر ضرابی، انتشارات فرهنگ ایران زمین، ۱۳۴۱.

۲. *ترجمه دیوان سید ابی‌رضا راوندی*، (قرن ششم)، چاپ قم، ۱۳۳۴.

۳. *آثار تاریخی شهرستان‌های کاشان و نطنز*، تألیف حسن نراقی، انتشارات انجمن آثار ملی، ۱۳۴۸.

۴. *تاریخ زندگانی حضرت سلطان‌علی*، به قلم ملا عبدالرسول مدنی کاشانی، نشر اوقاف کاشان، ۱۳۶۶.

۵. *منتهی‌الامال*، تألیف حاج شیخ عباس قمی، کتابفروشی علمی ـ جاویدان (بی‌تا).

۶. *گاهنامه تطبیقی سه هزارساله*، تألیف احمد بیرشک، انتشارات علمی و فرهنگی، ۱۳۶۷.

۷. *ارزیابی شتابزده*، جلال آل احمد، انتشارات امیرکبیر، ۱۳۵۷.

۸. «وقف بر خمسه مسترقه»، جستاری از کتاب **نمودهای فرهنگی و اجتماعی در ادبیات فارسی**، نشر آگاه، ۱۳۷۵.

۹. *آثارالباقیه*، تألیف ابوریحان بیرونی، ترجمه اکبر داناسرشت، انتشارات امیرکبیر، ۱۳۶۳.

۱۰. یادداشت‌های نگارنده، از مشارکت در مراسم سال‌های ۱۳۵۴ و ۱۳۷۱.